silent green
Vom Krematorium zum Kulturquartier

T0337670

Jutta v. Zitzewitz

silent green
Vom Krematorium
zum Kulturquartier

Herausgegeben von silent green Kulturquartier

DEUTSCHER KUNSTVERLAG

VORWORT

Seit 2013 sind wir als silent green in der glücklichen Situation, das älteste Krematorium Berlins in der Weddinger Gerichtstraße und damit ein in dieser Stadt einzigartiges Gebäude mit einer bewegten Geschichte in privater Trägerschaft zu bespielen. Diese Aufgabe erfüllt uns mit großer Freude, aber auch mit Demut. Es ist nichts Neues, dass Kulturtreibende in Berlin sich der Brachen und leerstehenden Gebäude der Stadt annehmen, um sie mit neuem Leben zu füllen. In diesem Fall handelt es sich jedoch nicht, wie oft üblich, um ein Fabrikgebäude. Das silent green befindet sich in einem ehemaligen Krematorium. Wir tragen damit nicht nur die Verantwortung für den Erhalt eines architektonischen Juwels, einer Insel inmitten der Stadt Berlin. Wir sehen es darüber hinaus als unsere Pflicht, mit diesem besonderen Erbe verantwortungs- und respektvoll umzugehen. Das ist ein zentrales Anliegen des silent green.

Dank der großzügigen Unterstützung aus Mitteln der Berliner Senatsverwaltung für Kultur und Europa konnte die Kunsthistorikerin Jutta v. Zitzewitz mit unglaublichem Engagement und unerlässlicher Genauigkeit in detektivischer Arbeit erstmalig alle historischen Fakten zum Bau und zur Historie des ehemaligen Krematoriums im Wedding zusammentragen. Sie eröffnet uns einen bisher singulären Einblick in ein wichtiges Kapitel der Berliner Stadtgeschichte und darüber hinaus in den Umgang unserer Gesellschaft mit dem Thema Tod. Die Ergebnisse dieser Arbeit können wir nun erstmalig in einer Ausstellung und einem begleitenden Katalog präsentieren. Dieser Erfolg ließ sich nur mithilfe zahlreicher Personen, Archive und Institutionen realisieren. Ihnen allen gebührt unser herzlicher Dank.

Ein besonderer Dank für die hervorragende Zusammenarbeit im Rahmen der Umbauarbeiten zum silent green geht an Sybille Haseley vom Landesdenkmalamt Berlin und Günter Reimann vom Fachbereich Denkmalschutz des Bezirksamts Mitte von Berlin.

Wir pflegen die uns anvertrauten Wurzeln der Geschichte, denn es ist uns wichtig, Spuren zu erhalten und auch die Wunden der Vergangenheit nicht zu übertünchen, sondern offenzulegen. Gleichzeitig nehmen wir uns auch das Recht, den Blick nach vorne zu richten und mit Mut und Leichtigkeit in die Zukunft zu gehen. Diese Haltung spiegelt sich auch in unserem tief empfundenen Wunsch, das silent green zu einem Ort zu formen, an dem das freie Denken, Forschen und Experimentieren in der Begegnung und im Austausch über Disziplinengrenzen möglich wird, um zu neuen Erkenntnissen und künstlerischen Ausdrucksformen zu finden. Wir leben in wilden und verrückten Zeiten. Was wir tun können, ist, weiterzumachen: „Do what you do with a kind heart!"

Jörg Heitmann, Bettina Ellerkamp
silent green Kulturquartier

Coupe de la Pyramide 2.

Kulturgeschichte
der Feuerbestattung

FRÜHE FORMEN DER LEICHENVERBRENNUNG

Bestattung und Totenehrung sind ein Teil der Kulturgeschichte der Menschheit seit ihren Anfängen. Die Feuerbestattung gilt als älteste Bestattungsform in der Menschheitsgeschichte. Sie ist in vielen Kulturen bekannt und seit Jahrtausenden gebräuchlich. In Europa und im Nahen Osten wird sie nach heutigem Kenntnisstand seit etwa 3000 v. Chr. parallel zur Erdbestattung praktiziert. In vielen alten Kulturen war die Einäscherung von Verstorbenen religiös oder kultisch motiviert. Sie sollte der Seele den Weg ins Totenreich oder ins Jenseits freimachen.

Wie archäologische Funde belegen, war die Feuerbestattung bis in den äußersten Norden Europas verbreitet. Zu Anfang der Bronzezeit (2500–1000 v. Chr.) dehnte sich die Feuerbestattung dann auf die britischen Inseln und das Gebiet der Iberischen Halbinsel aus. Nur die Ägypter hielten an der Mumifizierung fest, da sie an eine Wiederbelebung nach dem Tod glaubten. Ihrer Auffassung nach konnte diese nur dann erfolgen, wenn die Seele den Körper wiederfinden und erkennen konnte, und dafür musste der Körper unversehrt sein.

In der griechischen und römischen Antike war die Verbrennung der Toten neben der Erdbestattung gängige Praxis, beide Bestattungsarten wurden jahrhundertelang parallel durchgeführt. Um 1000 v. Chr. wurde die Feuerbestattung Teil der griechischen Kultur, sie blieb aber zunächst der Oberschicht vorbehalten. In der Frühzeit der römischen Republik (500 v. Chr.) entstanden nach der Verbreitung der Totenverbrennung sogar Begräbnisvereine, deren Mitglieder sich durch kleine Monatsbeiträge ein eigenes Grab in einer großen Gemeinschaftsanlage sichern konnten. Eine solche Anlage wurde *columbarium* („Taubenschlag") genannt, und sie bestand aus einer großen unterirdischen Grabkammer mit übereinander angeordneten, halbrunden Grabnischen in den Wänden, die jeweils Platz für eine Urne boten. Solche Begräbnisstätten errichteten die reichen Bürger und Herrscher auch für ihre freigelassenen Sklaven [Abb. 1]. Mitglieder der Oberschicht wurden in eigenen Grabstätten beigesetzt.

In der Blütezeit der römischen Republik überwog dann die Feuerbestattung gegenüber der Erdbestattung, und bald wurde die Leichenverbrennung der allgemeine Standard. Die Einäscherung fand auf einem offenen Scheiterhaufen außerhalb der Stadtgrenzen statt. Reichen Patriziern legte man Opfergaben und Besitztümer mit auf den Holzstoß. Der römische Historiker Tacitus berichtete Ähnliches von der Bestattung angesehener Persönlichkeiten bei den Germanen.[1] Die Aschenreste wurden bei den Römern in Glas- oder Steinurnen aufbewahrt. Im restlichen Europa wurde die Asche entweder ebenfalls in Urnen aufbewahrt oder in zu diesem Zweck ausgehobene Brandgruben geschüttet. Die Verbrennung selbst fand auf einem Scheiterhaufen unter freiem Himmel statt, und bis zur Erfindung des Verbrennungsofens im 19. Jahrhundert blieb es bei dieser Methode.[2]

Mit der Christianisierung Europas wurde die Feuerbestattung ab 400 n. Chr. verdrängt, und die Erdbestattung wurde zur vorherrschenden Bestattungsart, nicht zuletzt aus Gründen des

Holzmangels. Im dicht bewaldeten Norden Europas und in Germanien hielt sich die Feuerbestattung noch länger, bevor sie schließlich auch hier zurückgedrängt wurde. Die Hinwendung zur Erdbestattung hatte bei den frühen Christen, die überwiegend zu den ärmeren Bevölkerungsschichten gehörten, auch soziale Gründe, da diese Bestattungsart kostengünstiger war. Doch in immer stärkerem Umfang kamen auch religiöse Gründe dazu, allen voran der christliche Glaube an die Auferstehung des Leibes am Tag des Jüngsten Gerichts, der die Erdbestattung des unversehrten Körpers zu einem zwingenden Gebot machte.

In Abgrenzung zu den Gebräuchen der Römer, die den neuen Glauben unterdrückt und die Christen verfolgt hatten, wurde die Feuerbestattung im Verlauf der Christianisierung Europas zunehmend als „heidnisch" verdammt. Neben dem Auferstehungsglauben war es vor allem die biblische Überlieferung der Grablegung Christi im Neuen Testament, welche die Erdbestattung zur alternativlosen Bestattungsform für alle Christen machte. Auch der aufkommende Reliquienkult und die Verehrung der Märtyrergebeine, die in Kirchen aufbewahrt wurden, sorgten dafür, dass die Erdbestattung zur üblichen Form eines christlichen Begräbnisses wurde. Der Reliquienkult ließ auch den Wunsch aufkommen, in der Nähe der Kirchen beerdigt zu werden – und so wurden das Gotteshaus und der umliegende Kirchhof allmählich zum bevorzugten Bestattungsort. Während die Leichen vorher meist außerhalb der Städte, auf Privatgrundstücken oder in Gemeinschaftsgräbern bestattet wurden, rückten die Bestattungsstätten durch die Christianisierung näher an die Siedlungen heran oder wurden sogar ein Teil von ihnen.

KARL DER GROSSE UND DAS EDIKT VON PADERBORN
Doch erst mit dem christlichen Kaiser Karl dem Großen, der die Christianisierung Europas mit aller Gewalt vorantrieb, verschwand die Feuerbestattung fast vollständig aus der europäischen Begräbniskultur. War das Verbrennen von Leichen vorher noch gängige Praxis gewesen, so

Abb. 1: Schnitt durch das Kolumbarium der Freigelassenen des Augustus, Via Appia, Rom, entdeckt 1726

sorgte Karl der Große dafür, dass die Feuerbestattung nicht nur als heidnischer Brauch betrachtet, sondern unter Todesstrafe gestellt wurde. In seinem drakonischen Edikt von Paderborn (Capitulare Paderbrunnense) von 785 heißt es: „Mit dem Tode soll bestraft werden, wer den Leichnam eines Menschen nach der Sitte der Heiden durch die Flammen verzehrt werden lässt und die Knochen desselben in Asche verwandelt hat. Wir befehlen, dass die Leichname (…) auf die Kirchhöfe und nicht in die Tumuli[3] der Heiden gebracht werden."[4] Karl der Große beließ es nicht dabei, die Feuerbestattung zu bannen und die Erdbestattung verpflichtend zu machen, er unterstellte das gesamte Bestattungswesen der römisch-katholischen Kirche. Dies geschah im Rahmen seines Bestrebens, die Kirche zu einem Instrument seiner Herrschaft zu machen und weltliche Herrschaft und Kirche zu einer Art „Staatschristentum" zu verbinden. Dem Papst gegenüber präsentierte sich Karl der Große wiederum als „weltlicher Arm" der Kirche.

Unter Karl dem Großen wurde die Verbrennung, oft bei lebendigem Leibe, ausschließlich als Form der Todesstrafe angewendet, die vermeintlichen „Ketzern" und „Hexen" vorbehalten war. Nur durch das Feuer, hieß es, konnte man die Seelen der Sünder vollständig „reinigen" und dem Publikum zugleich einen Vorgeschmack auf die Qualen des Fegefeuers geben – dabei wurden Zuwiderhandlungen gegen die Gebote der katholischen Kirche äußerst willkürlich ausgelegt und zu einem probaten Mittel, sich politischer Gegner oder kritischer Geister zu entledigen. Die Verbrennung als ebenso grausame wie abschreckende Hinrichtungsmethode erreichte im Hochmittelalter und zu Anfang der Frühen Neuzeit mit der Hinrichtung von Gelehrten wie Jan Hus, Jacques de Molay oder Giordano Bruno durch die katholische Kirche ihren Höhepunkt. Dieser Verbrennung von „Ketzern" entsprechend, machten im Norden Europas die Protestanten des Reformationszeitalters die Ausrottung von „Hexen" durch Feuer zu ihrer Spezialität.[5]

Durch Karl den Großen wurde aus dem Akt, den Körper eines Menschen den Flammen zu übergeben, eine zutiefst ambivalent besetzte Handlung. Feierlicher Bestattungsritus, ehrendes Gedenken und Erinnerung stehen hierbei der restlosen Vernichtung und Auslöschung eines als „unwert" betrachteten Lebens gegenüber. Diese Dialektik erreichte ihre extremste Ausprägung im 20. Jahrhundert – mit der erneuten Durchsetzung der Feuerbestattung als alternativer Bestattungsform einerseits und der systematischen Massenvernichtung in den Gaskammern und Verbrennungsöfen der Vernichtungslager durch das NS-Regime auf der anderen Seite. In einer Weise, die das menschliche Vorstellungsvermögen sprengt, gipfelten diese Praktiken innerhalb der NS-Ideologie in einem monströsen Paradox: Während man im Bestattungswesen der NS-Zeit eine Sakralisierung der Feuerbestattung als „Feuerehrung" anstrebte, war die Verbrennung von Leichen in den Konzentrations- und Vernichtungslagern das Instrument einer mörderischen Effizienz bei der spurlosen Auslöschung von Millionen von Menschen.[6]

NEUBEWERTUNG DER FEUERBESTATTUNG IM ZEITALTER DER AUFKLÄRUNG

Nach Karl dem Großen und seinem Bannspruch verschwand die Feuerbestattung für ein Jahrtausend aus dem europäischen Bestattungswesen. Die Leichenverbrennung wurde im christlichen Europa weiter angewandt, sie blieb aber der Massenbestattung von Seuchen- und Kriegstoten oder den Opfern von Naturkatastrophen vorbehalten. Wenn sie praktiziert wurde, dann in erster Linie aus hygienischen Gründen, um das Ausbrechen von Epidemien zu verhindern.

Ein erneuter Wandel in der Bewertung der Feuerbestattung fand erst im ausgehenden 18. Jahrhundert statt, im Zeitalter der französischen Revolution und im Zuge der Aufklärung. Nicht zuletzt durch ein wiederbelebtes Interesse an der Kultur der Antike gab es vereinzelte Vorschläge, die bis dahin tabuisierte Leichenverbrennung wieder einzuführen. Im nachrevolutionären Paris wurden aufgrund der katastrophalen Zustände auf den überfüllten Friedhöfen mit den Plänen der Architekten Jacques Molinos (1797) und Pierre Martin Giraud (1795) sogar erste Entwürfe für eine Kremationsanlage samt Friedhof vorgelegt, die aber nie realisiert wurden [Abb. 2, 3]. Diese ersten, utopischen Entwürfe stellten eine Pyramide ins Zentrum der Anlage und wandten sich damit von der Symbolik der christlichen Begräbnistradition ab – dies war eine Referenz an die altägyptische Begräbnistradition und darüber hinaus ein typisches Beispiel für die französische Revolutionsarchitektur, die mit Vorliebe auf die Klarheit von Grundformen wie Kugel, Zylinder oder Pyramide zurückgriff.[7] Giraud plante bei seinem Entwurf gar, aus den verbrannten menschlichen Gebeinen Glas herzustellen und dieses für die Errichtung des äußeren Säulenkranzes der Anlage zu verwenden. Es ist wenig überraschend, dass diese utopischen Pionierentwürfe nie realisiert wurden. Da der französische Staat wenig später mit dem Vatikan ein Abkommen über den Wiederaufbau des Kirchenwesens schloss, war von Leichenverbrennung schon bald keine Rede mehr.[8]

Die Episode ist dennoch bedeutsam, denn erstmalig trafen hier einige Faktoren zusammen, die ein Jahrhundert später zur Wiedereinführung der Feuerbestattung führten: ein erstarkendes Bürgertum, das sich den technischen Fortschritt auf die Fahnen schrieb und zugleich antike Traditionen wiederbeleben wollte,[9] und die Bevölkerungszunahme in den Großstädten als Folge der industriellen Revolution, als es die Landbevölkerung auf der Suche nach Arbeit in großen Zahlen in die Städte zog.

Wenn sich herausragende Persönlichkeiten in dieser Zeit zur Feuerbestattung bekannten, geschah dies meist unter dem Vorzeichen der Antikenverehrung. Bei Herrschern, die sich in dieser Weise äußerten, ist der Anteil an Selbstüberhöhung unübersehbar. Sie stellten sich mit diesem Bestattungswunsch ganz bewusst in die Nachfolge römischer Kaiser und Feldherren. So ließ Friedrich der Große 1741 für den Fall seines Todes auf dem Schlachtfeld schriftlich festhalten: „Wenn man mich töte, so will ich, dass mein Körper auf römische Art verbrannt werde."[10] Auch Napoleon Bonaparte wollte laut Testament verbrannt werden. Seine Asche sollte am Ufer der Seine verstreut werden, doch die Macht der Kirche verhinderte die Erfüllung seines letzten Wunsches.

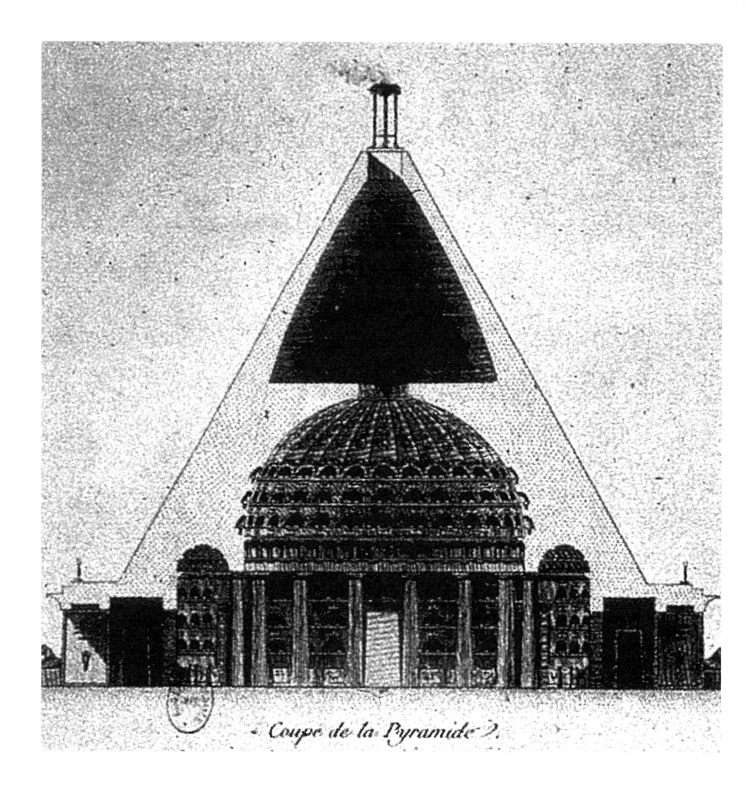

Abb. 2: Schnitt durch die Krematationspyramide für einen Friedhof,
Architekt: Jacques Molinos, 1797

Abb. 3: Entwurf für ein Krematorium samt Friedhof,
Architekt: Pierre Marin Giraud, 1795

Abb. 4: Seepyramide (Tumulus) im Park Branitz, Begräbnisstätte des Fürsten von Pückler-Muskau,
Foto: Christian Friedrich

Die spektakulären Fälle tatsächlicher Leichenverbrennungen im 19. Jahrhundert verraten eher eine schwärmerische Exzentrik im Geiste der Romantik, die sich mit dem Wunsch nach Einäscherung verband. So veranlasste im Jahr 1822 der englische Dichter Lord Byron die Kremierung seines vor der Küste Liguriens ertrunkenen Dichterfreundes Percy Bysshe Shelley „nach Art der Hellenen". Unter Beigabe von Weihrauch, Salz, Wein und Öl wurde Shelley auf einem Scheiterhaufen verbrannt.

Der schillernde Fürst Hermann von Pückler-Muskau zeigte bereits zu Lebzeiten eine starke Faszination für die Feuerbestattung. Im Jahr 1871 verfügte er testamentarisch, dass sein Leichnam von drei ihm bekannten Ärzten „secirt, dann aber chemisch oder auf andere Weise verbrannt" werden solle – eine kluge Formulierung, denn er wusste um das Verbot der Leichenverbrennung.[11] Seinem Wunsch nach Verbrennung wurde nicht entsprochen, wohl aber dem nach chemischer Zersetzung seiner sterblichen Überreste. Diese wurden nach Abschluss einer Prozedur, bei der das Herz des Fürsten getrennt vom restlichen Körper in Salzsäure aufgelöst wurde, in der kleinen Seepyramide des Branitzer Schlossparks bestattet, in der sich Pücklers Abkehr von der christlichen Kirche manifestierte [Abb. 4]. Mit der Idee der „modernen, technischen Feuerbestattung",[12] die sich fast zeitgleich mit Pücklers Ableben durchsetzte, haben diese Beispiele noch nicht viel zu tun, wohl aber mit dem Geist des bürgerlichen Zeitalters, das der Wiedereinführung der Feuerbestattung den Weg ebnen sollte.

VON DER IDEE ZUR BEWEGUNG – DIE DEBATTEN UM DIE FEUERBESTATTUNG

Aus den wachsenden Städten und aus der Mitte des liberalen Bürgertums heraus wurde die Idee der Feuerbestattung in Zusammenhang mit Modernisierung, Industrialisierung und Säkularisierung[13] in der zweiten Hälfte des 19. Jahrhunderts in immer weiteren Kreisen diskutiert. Das Problem der Raumnot, ein wachsendes Bewusstsein für hygienische Belange, insbesondere in den Ballungszentren, und eine moderne, rationale und ökonomische Denkweise als Folge der Aufklärung – all dies gehörte zum Faktorenbündel, das sich in den Argumenten der Befürworter der Feuerbestattung verdichtete. Hinzu kam der Aufstieg von Naturwissenschaften und Technik, die wachsende Macht des Bürgertums, das ins Zentrum der Gesellschaft rückte und mit ihm der Wille zur Selbstbestimmung in allen Lebensbereichen. Dem standen der schwindende Einfluss der Kirche und der soziale Bedeutungsverlust der Religion gegenüber.

Nicht unterschätzt werden darf der Einfluss der Antikenrezeption auf die Kreise der sogenannten „Krematisten", die, zumindest in der Frühphase der Debatte, ausnahmslos dem aufgeklärten Bildungsbürgertum entstammten. In einem frühen Beitrag von 1828 wird die neuzeitliche Verdrängung der Toten an den Rand der Städte beklagt, „während der Heide ihnen den ersten Patz in seinem Hause weihte und die Asche seiner Lieben in Denkmälern der Kunst aufbewahrte".[14]

Angesichts einer solchen Argumentation, die sich aus klassisch-humanistischem Bildungsgut herleitete, war es auch kein Zufall, dass der erste gewichtige Beitrag zur Debatte um die Wieder-einführung der Feuerbestattung nicht von einem Naturwissenschaftler, sondern von dem Alter-tumsforscher und Sprachwissenschaftler Jacob Grimm stammte, der im Jahr 1849 in Berlin an der Akademie der Wissenschaften seinen aufsehenerregenden Vortrag „Über das Verbrennen der Leichen" hielt. Seine kulturwissenschaftliche Untersuchung benannte bereits alle Themenfelder, die in der Folge eine Rolle spielen sollten: die Fragen des zivilisatorischen Fortschritts, der Äs-thetik, der Platzersparnis und der Hygiene. Während „enge, moder und leides gewürm" des Erd-begräbnisses die Gedanken „peinigen", hinterließe die Flamme nur Asche und Staub. Der Verwe-sungsvorgang würde durch die Flamme lediglich beschleunigt: „das feuer geht demnach mit den todten nicht härter um als die erde, nur dass es schnell vollbringt, was diese langsam verrich-tet."[15] Auch ökonomische Gesichtspunkte drängten bei Grimm in den Vordergrund, nämlich das „bedürfnis der lebenden, raumbeengten Menschen". Man müsse der Bestattung den Vorzug ge-ben, die „den geringsten Raum kostet und die vergehende gestalt zu erhalten aufgibt".[16] Obwohl er seiner Bewunderung für die antike Bestattungsart Ausdruck verlieh, gab er sich nicht eindeu-tig als Fürsprecher der Feuerbestattung zu erkennen. Man könne nicht einfach zu den „gebräu-chen ferner vergangenheit umkehren", schränkte Grimm ein.[17] Trotzdem wurde sein Vortrag, der 1850 als Text publiziert wurde, in der Folge von Befürwortern der Feuerbestattung immer wieder als erste Referenz herangezogen, doch auch die Gegner der Feuerbestattung beriefen sich auf Grimm.[18] Diese Folgedebatten wurden dann aber nicht mehr von Altertumsforschern, sondern vornehmlich von Medizinern und Naturwissenschaftlern ausgefochten, die aus dem Blickwinkel der modernen Wissenschaften für die Wiedereinführung der Feuerbestattung plädierten.[19]

Zu einer wirklichen Bewegung entwickelte sich das Anliegen der „Krematisten" aber erst mit der Gründung der Vereine für Feuerbestattung im letzten Drittel des 19. Jahrhunderts. Diese gaben eigene Publikationen heraus und propagierten die Vorzüge der Feuerbestattung in Vorträgen, Broschüren und eigenen Zeitschriften. Es galt, mühsame Überzeugungsarbeit zu leisten und vor allem darzulegen, dass es sich nicht um eine „atheistische" oder „heidnische" Bestattungsform handelte, die im Widerspruch zu den Lehren des Christentums stand und sich gegen die Kirche richtete. Nicht der radikale Bruch mit allen Gebräuchen, sondern eine behutsame Vermittlung der Innovation bei gleichzeitiger Wahrung der religiösen Zeremonien war die verbreitete Stra-tegie – wenn auch die Forderung nach überkonfessionellen Friedhöfen und der Verstaatlichung des Bestattungswesens zu den Kernforderungen der meisten Befürworter der Feuerbestattung gehörte. Man setzte auf Aufklärung und religiöse Toleranz und eine leicht fassbare rationale Argumentation, die für einen neuen Umgang mit den Toten plädierte, indem sie das Wohl der Lebenden in den Blickpunkt stellte. Mehrheitlich wurden deshalb die Vorteile für das Gemeinwe-sen, hygienische und raumökonomische Gründe ins Feld geführt. Das Bannen der Ansteckungs-gefahr durch Leichenfäulnis und der geringe Platzbedarf auf den Friedhöfen wurden zu Leit-argumenten.[20] Und so waren es vor allem die Raumprobleme in den explosionsartig wachsenden Städten, die der Wiedereinführung der Feuerbestattung zum Durchbruch verhalfen. Sie waren

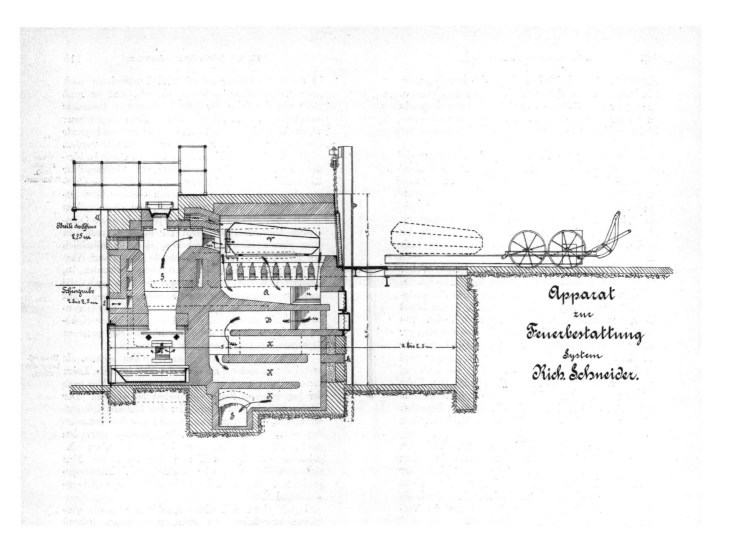

Apparat
zur
Feuerbestattung
System
Rich. Schneider.

der Hauptgrund dafür, dass die Aufklärungsbemühungen der Feuerbestattungsfreunde letztlich auf fruchtbaren Boden fielen.

Der größte Widerstand gegen Feuerbestattung und Krematoriumsbau kam von den Kirchen beider Konfessionen. Nicht ganz zu Unrecht sah die Kirche in der Feuerbestattung ein mechanistisch-materialistisches Menschenbild am Werk. In ihrer Sichtweise war es ein willkürlicher und pietätloser Akt heidnischen Ursprungs, der zudem dem christlichen Glauben an die Auferstehung des Leibes zuwiderlief. Die Kirchen hatten im Zeitalter der Säkularisierung ohnehin einen schweren Stand. Technischer Fortschritt und Wissenschaft machten ihnen gesellschaftliche Bastionen streitig, und mit der Einführung der obligatorischen Zivilehe (1873) und dem Entzug der Schulaufsicht (1874) geriet die Kirche zunehmend in die Defensive. Der Klerus rang um jede

Abb. 5: Regenerativofen, System Richard Schneider

Bastion, umso mehr um das Bestattungswesen, das eines der Hauptfelder kirchlicher Betätigung war. Auch dieses drohte, der Kirche zu entgleiten, denn immer mehr Friedhöfe wurden von den Kommunen betrieben. Dies mag die Heftigkeit der kirchlichen Reaktion im Ringen um die Feuerbestattung erklären. Am widerstandsfähigsten erwies sich die katholische Kirche. Sie erließ 1886 ein Verbot der Feuerbestattung, das erst 1963 vom Zweiten Vatikanischen Konzil wieder aufgehoben wurde. Erst seit dem Jahr 1964 ist es den Mitgliedern der katholischen Kirche offiziell erlaubt, sich feuerbestatten zu lassen.[21]

DIE TECHNISCHEN VORAUSSETZUNGEN DER MODERNEN FEUERBESTATTUNG

Bereits im Verlauf des 19. Jahrhunderts war es zu einzelnen Leichenverbrennungen gekommen. Die Einäscherung Shelleys auf einem offenen Scheiterhaufen war noch eine Nachstellung antiker Bräuche gewesen, da war die chemische „Verbrennung" des Leichnams mittels Säure, die Fürst Pückler durch Ärzte veranlassen ließ, schon entschieden moderner. Doch auch das makabre Beispiel des exzentrischen Fürsten war kaum dazu angetan, Schule zu machen, sollte es zu einer Legalisierung der Feuerbestattung kommen. Jenseits aller ideologischen und religiösen Debatten wurden fieberhafte Überlegungen darüber angestellt, wie man die Feuerbestattung in einer modernen Gesellschaft mit ihren wachsenden Städten praktisch durchführen konnte. Die Verbrennung unter freiem Himmel verbot sich allein aus hygienischen Gründen und wegen der Brandgefahr. Die wahre Herausforderung für die „Krematisten" bestand also darin, ein Verfahren der Feuerbestattung zu entwickeln, das in geschlossenen Räumen stattfinden konnte, möglichst rückstandsfrei war und ohne Gefahr für Leib und Leben aller Beteiligten durchgeführt werden konnte. Angesichts der Bevölkerungsentwicklung und Größe der modernen Städte musste die Methode zudem so effizient wie nur möglich sein.

Erst mit der Entwicklung des Regenerativofenverfahrens wurde eine wirkliche Zäsur im Umgang mit dem Tod eingeläutet. Hier begann die Industrialisierung der Sterbekultur, die mit der modernen, technischen Feuerbestattung verbunden ist. Es war die „Mechanisierung des Todes", wie Sigfried Giedion sie am Beispiel der Schlachthöfe des 19. Jahrhunderts beschrieb,[22] die nun auch Einzug in die städtische Bestattungskultur hielt. Und das Krematorium wurde ihr Monument.

Trotz alle Widerstände der Kirche wurde 1878 in Gotha im liberalen Herzogtum Sachsen-Coburg-Gotha das erste Krematorium im deutschen Kaiserreich gegründet. Zwar war bereits 1876 in Mailand das erste Krematorium der Neuzeit entstanden, denn dort war es erstmalig gelungen, einen neuartigen Flammenofen zu entwickeln, der die Leichenverbrennung in geschlossenen Räumen möglich machte. Doch es war Deutschland, das in der Folge eine Vorreiterrolle übernahm, als es um die moderne, technische Form der Feuerbestattung ging.[23]

Anders als in Italien kam in Gotha ein wesentlich moderneres Verbrennungsverfahren zum Einsatz, das zuvor in der Industrie entwickelt worden war: das sogenannte Regenerativ-Verfahren von Friedrich Siemens, das nicht mit direkter Befeuerung, sondern mit der Entzündung durch hocherhitzte Luft operierte. Das Heißluftverfahren wurde 1856 von Friedrich Siemens in dessen Dresdner Glashütte entwickelt und anschließend auf der Pariser Weltausstellung von 1867 vorgestellt, doch erst 1873 trat Carl Reclam mit der Anregung an Siemens heran, die Regenerativfeuerung auch für die Leichenverbrennung zu verwenden. In Zusammenarbeit mit Reclam entwickelte Siemens 1874 seinen Ofen zur Leichenverbrennung, den er zunächst an Tierkadavern testete.[24] Bei diesem Regenerativofen fand die Verbrennung in hocherhitzter Luft (1000–1200 Grad Celsius) statt, die Flammen gelangten nicht in den Verbrennungsraum. Anders als bei dem Flammenofen, der in Mailand zum Einsatz kam, kamen dabei weder Leichnam noch Sarg in direkten Kontakt mit den Flammen, denn dies war zuvor bei den italienischen Flammenöfen als pietätlos kritisiert worden. Außerdem verhinderte das Heißluft-Prinzip das Explodieren der Organwände, wie es bei der direkten Flammenbefeuerung ebenfalls häufig vorkam. Nun waren die technischen Voraussetzungen dafür gegeben, einen menschlichen Leichnam in einem geschlossenen Raum und ohne die Flammen eines Scheiterhaufens einzuäschern. Das Regenerativ-Verfahren kam nicht nur im ersten deutschen Krematorium in Gotha zum Einsatz, sondern auch in allen folgenden Krematorien (Heidelberg 1891, Hamburg 1892). Dort allerdings in einer durch den ehemaligen Siemens-Ingenieur Richard Schneider weiterentwickelten Variante, die zu einer Reduzierung des erforderlichen Brennmaterials führte und zugleich die Einäscherungsdauer auf 90 Minuten verkürzte **[Abb. 5]**. Es war diese Weiterentwicklung, die sich in der Folge als „Siemens-Schneider-Verfahren" langfristig durchsetzte. Bis zum heutigen Tag sind nahezu alle Verfahren, die in den Krematorien weltweit zum Einsatz kommen, darauf zurückzuführen.

Der Kampf um das erste Krematorium Berlins

BERLIN ALS ZENTRUM DER FEUERBESTATTUNGSBEWEGUNG

Berlin befand sich von Anfang an im Zentrum der Debatten um die Feuerbestattung, auch wenn sich dies zunächst nicht in der preußischen Gesetzgebung spiegelte. Hier hatte Jacob Grimm 1849 seinen Vortrag „Über das Verbrennen der Leichen" an der Akademie der Wissenschaften gehalten, 1874 wurde in Berlin einer der ersten Vereine für Feuerbestattung gegründet, und 1885 richtete die Friedrich-Wilhelm-Universität für Robert Koch den ersten Lehrstuhl für Hygiene ein. Sein Kollege Rudolf Virchow, ebenfalls Hygieniker und führender Mediziner, avancierte in der preußischen Hauptstadt zu einem der wichtigsten öffentlichen Fürsprecher für die Feuerbestattung. Als Mitbegründer der liberalen Deutschen Fortschrittspartei, zu deren Zielen auch die Trennung von Kirche und Staat gehörte, war er zugleich Abgeordneter im preußischen Parlament, wo er sich 1875 in einer leidenschaftlichen Rede für die Feuerbestattung einsetzte und erklärte, „dass nichts wünschenswerter sein könne, als wenn unsere Sitte im ganzen die Verbrennung als Regel anerkenne; denn die zunehmende Anhäufung von Verwesungsstätten, welche die großen Städte wie einen Kranz umgeben, welche das Erdreich mit unreinen Stoffen erfüllen, welche weit und breit die Gewässer verunreinigen, ist kein Zustand, der mit den öffentlichen Gesundheitsprinzipien vertrage".[25]

Virchows Forderungen gaben einer zunehmend rationalen Einstellung Ausdruck, wie sie in reformorientierten Kreisen vor allem von Medizinern und Hygienikern infolge der voranschreitenden Säkularisierung, aber auch von vielen Kaufleuten und Beamten vertreten wurde. Und wie so viele Befürworter der Feuerbestattung setzte sich auch Rudolf Virchow ausdrücklich für eine Begrenzung des kirchlichen Einflusses auf das Bestattungswesen ein.

DER VEREIN FÜR FEUERBESTATTUNG

Noch war Berlin nicht reif für die Einsichten, die Rudolf Virchow und andere öffentlich diskutierten. In der preußischen Hauptstadt brachten denn auch nicht die prominenten Fürsprecher der Feuerbestattung den Durchbruch, sondern die so stete wie beharrliche Arbeit des Berliner Vereins für Feuerbestattung. Von Beginn an waren es die Vereine gewesen, die den Kampf um die Feuerbestattung zu einer landesweiten Bewegung gemacht hatten. Der Berliner Verein hatte nicht unwesentlichen Anteil daran. Er gehörte neben den Vereinen in Gotha, Dresden und Hamburg zu den ersten Vereinen für Feuerbestattung im deutschen Kaiserreich. Sein stetes Wirken führte schließlich zum Bau der ersten Urnenhallen, des ersten Urnenhains und des ersten Krematoriums in Berlin.

Als der Verein sich am 21. März 1874 gründete, hieß er zunächst Verein für Leichenbestattung, bevor er 1879 in Verein für Feuerbestattung umbenannt wurde. In einem Berliner Lokal, dem Leipziger Garten, fand unter dem Vorsitz des Buchhändlers Otto Link die inoffizielle

Gründungssitzung des Vereins in Gegenwart der Buchhändler Staude und Reinke, des Privatgelehrten Dr. Bernstein, des Hofrats Loos und Hofkonditors und Stadtrats Weiss statt, die wenig später durch die erste offizielle Versammlung bestätigt wurde.[26] Ziel des Vereins war die Durchsetzung der Feuerbestattung in Preußen, die hier immer noch, trotz aller öffentlichen Debatten, auf großen Widerstand stieß. Wichtigstes Mittel zur Propagierung der Feuerbestattung waren die Zeitschriften. „Die Flamme", die Zeitschrift des Berliner Vereins, wurde 1884 als „Zeitschrift zur Förderung der Feuerbestattung im In- und Ausland" gegründet. Zum großen Erfolg dieser Zeitschrift trug bei, dass sie zwei Jahre später zum offiziellen Organ von insgesamt 85 deutschen Feuerbestattungsvereinen wurde. Der Berliner Verein, der bereits in den 1890er Jahren weit über 1000 zahlende Mitglieder zählte und zum deutschlandweit größten Feuerbestattungsverein anwuchs, konnte schon bald erste Erfolge seiner Aufklärungsarbeit in Berlin verzeichnen.

Im Jahr 1891 gestattete der Preußische Landtag die Urnenbestattung. Es war fortan erlaubt, einen Verstorbenen in einem anderen deutschen Staat, etwa in Gotha, Leipzig oder Hamburg,[27] einäschern zu lassen und die Urne in Berlin beizusetzen. Aus diesem Grund konnte der Berliner Verein für Feuerbestattung auf dem Friedhof in Friedrichsfelde im Jahr 1891 die erste Urnenhalle Berlins eröffnen [Abb. 6]. 1896 kam eine zweite Urnenhalle im Treptower Park hinzu, die anlässlich der Berliner Gewerbeausstellung als eigenes Ausstellungsgebäude des Vereins für Feuerbestattung errichtet worden war und anschließend dauerhaft in eine Urnenhalle umgewandelt wurde [Abb. 7, 8].[28] Damit war der Berliner Verein für Feuerbestattung bereits lange vor der Legalisierung der Feuerbestattung in Preußen (1911) im Besitz zweier Urnenbestattungsstätten.

Zwei Jahre später kam ein weiterer Teilerfolg für den Berliner Verein hinzu: 1898 wurde ihm gestattet, „Anatomieleichenteile" aus der Universität und den Krankenhäusern einäschern zu lassen, hierfür wurde durch die Stadt ein eigener Ofen in der Diestelmeyerstraße errichtet.[29] Zuvor hatte der Verein mehrere erfolglose Versuche unternommen, die Genehmigung zum Bau eines Krematoriums zu erlangen, die von Polizei und Regierung stets abschlägig beschieden wurde. Petitionen und Initiativanträge beim Landtag blieben erfolglos, auch die Denkschrift des Berliner Magistrats von 1892 beim preußischen Ministerpräsidenten Graf Eulenburg blieb ohne Wirkung.[30] Die schärfste Kritik kam von der Kirche, die dem Verein die Verhöhnung der Kirche, des Glaubens und der christlichen Auferstehungslehre, sittenwidriges Verhalten und Verleiten des Volks zum Unglauben und einen gottlosen Materialismus vorhielt.[31]

BERLIN-WEDDING – EINE DRITTE URNENHALLE FÜR BERLIN
Als der Verein für Feuerbestattung seinen Blick auf den Wedding richtete, um auf dem Gelände des Friedhofes in der Gerichtstraße eine dringend benötigte dritte Urnenhalle für Berlin zu errichten, rückte damit ein Stadtteil in den Mittelpunkt, der in vielerlei Hinsicht wie prädestiniert

Abb. 6: Urnenhalle Friedrichsfelde, 1891,
Foto: Georg Bartels

Abb. 7: Urnenhalle Treptow,1896

schien für die Anliegen der Feuerbestattungsfreunde. Nach der Eingemeindung von Moabit, Wedding und Gesundbrunnen im Jahr 1861 war die Bevölkerung in Berlin sprunghaft angestiegen, im Jahr 1877 wurde die Millionengrenze überschritten, und im Jahr 1905 lebten bereits über zwei Millionen Menschen in der preußischen Hauptstadt. Die Platznot, die sich zur Zeit der Industrialisierung im schnell wachsenden Arbeiterviertel Wedding besonders bemerkbar machte, spielte den raumökonomischen Argumenten der Feuerbestattungsfreunde in die Hände. Die beiden Urnenhallen in Friedrichsfelde und in Treptow, die dem Verein gehörten, waren so gefragt, dass sie bereits um die Jahrhundertwende voll belegt waren. Und das, obwohl hier nur außerhalb der preußischen Landesgrenzen eingeäscherte Personen beigesetzt werden konnten und der Transport von Leichen und Urnen sowie die damit verbundenen bürokratischen Verfahren kosten- und zeitintensive Hindernisse darstellten.

Abb. 8: Inneres der Urnenhalle Treptow

Dem Bevölkerungswachstum verdankten sich auch die kommunalen Gründungen der Kaiserzeit im Wedding. Im industrialisierten Norden der Stadt wurden modernste Gesundheits- und Hygiene-Einrichtungen gegründet, die stellvertretend für all jene Impulse standen, die schließlich zur Durchsetzung der Feuerbestattung führten. 1891 war hier das erste preußische Institut für Infektionskrankheiten entstanden, das 1912 nach seinem ersten Direktor zum Robert-Koch-Institut umbenannt wurde. Zwischen 1899 und 1906 wurde im Wedding das vierte Klinikum Berlins, das Rudolf-Virchow-Krankenhaus von Ludwig Hoffmann errichtet, das nach seiner Eröffnung im Jahr 1906 als modernste Klinik Europas galt. Zwei Jahre später wurde in der Gerichtstraße mit der städtischen Volksbadeanstalt, ebenfalls von Hoffmann, eine weitere für den Wedding bedeutsame kommunale Einrichtung eröffnet, die eine Errungenschaft der Hygienebewegung war. Der schnell anwachsenden Bevölkerung wurden damit Bade- und Sportmöglichkeiten geboten, denn in den Mietshäusern, die zuvor im Umfeld der neuen Fabriken für Arbeiter und ihre Familien errichtet worden waren, gab es weder Badewannen noch Duschen.

DER FRIEDHOF AN DER GERICHTSTRASSE

In unmittelbarer Nähe zur Volksbadeanstalt befand sich in der Gerichtstraße ein paar Hundert Meter weiter auch ein alter, stillgelegter Friedhof, der zu Gründungszeiten vor den Toren der Stadt lag, durch die Vergrößerung Berlins aber ins nördliche Stadtzentrum gerückt war. Auf dem Gelände des ehemaligen „Wedding-Acker" war im Jahr 1828 am 10. April der zweite kommunale Friedhof Berlins eingeweiht worden, der vor allem als Armenfriedhof genutzt wurde.[32] Der Staat sah es als seine soziale Pflicht an, für die Bestattung der Armen aufzukommen, und mit der Gründung eigener Friedhöfe konnten die hohen Gebühren, die der Staat der Kirche bei der Benutzung konfessioneller Friedhöfe zahlen musste, eingespart werden. 1831 wurde ein Teil des Geländes für die Beerdigung von Armenleichen aus der Rosenthaler und Oranienburger Vorstadt hergerichtet, ab 1835 wurde der Friedhof von der naheliegenden Gemeinde der Nazareth-Kirche genutzt. Im Jahr 1856 folgte eine erste Erweiterung, und 1862 wurde der Friedhof auf seine heutige Größe von 31.557 Quadratmetern vergrößert. 1865 erhielt er seine erste Leichenhalle. Ab 1878 fanden dann ausschließlich Beerdigungen von Armenleichen auf dem Friedhof statt, doch bereits ein Jahr später wurde der Friedhof wegen vollständiger Belegung geschlossen.

Als die Stadt Berlin 1902 beschloss, den nordöstlichen Teil des stillgelegten Friedhofs zwischen Gericht-, Adolf- und Plantagenstraße in eine Parkanlage umzuwandeln, bot sich dem Verein für Feuerbestattung eine einmalige Chance. Umgehend stellte der Verein bei der Stadt einen Antrag, ihm dieses Areal zum Bau der dritten Urnenhalle Berlins und zur Anlage eines Urnenhains zu überlassen.

Bauaufgabe Krematorium

DER ANTRAG ZUR ERRICHTUNG EINER URNENHALLE UND ERSTE ENTWÜRFE

In seinem Antrag argumentierte der Verein, dass die beiden bestehenden Urnenhallen in Treptow und Friedrichsfelde bereits zum größten Teil besetzt seien. Das Gelände im Wedding wurde als verkehrstechnisch besonders gut angebunden gepriesen, und durch den „Monumentalbau" einer Urnenhalle würde „das architektonische Bild des Stadtteils gehoben". Für die Stadt, so ein weiteres Argument, wären Urnenhain und Urnenhalle eine gute Einnahmequelle.[33] Man schloss: „Wenn Urnenhalle und Urnenhain inmitten der Stadt und nicht weit vor den Toren der Stadt liegen, werden die Vorzüge der Feuerbestattung, auch insbesondere in hygienischer Beziehung, hervorgehoben."[34]

Damit sprach der Antrag indirekt aus, dass die Bodenverknappung im Zuge der Industrialisierung und Urbanisierung ein drängendes Problem wurde. Dadurch gewann auch das Argument der Platzersparnis, die das Aschen- gegenüber dem Erdengrab bot, an Gewicht. Die Tatsache, „dass der gleiche Raum fünfzig und noch mehr mal so viel Aschen aufnehmen kann als verwesende Leichen", war auch für Max Pauly, den Büroleiter des Vereins, ein ausschlaggebendes Argument.[35] Aus diesem Grund setzte der Verein darauf, dass sich die Feuerbestattung bald auch in Preußen durchsetzen würde.

Doch die Verhandlungen mit der Stadt Berlin zogen sich in die Länge. Erst vier Jahre später und nach einer Erneuerung des Gesuchs durch den Verein willigte die Stadt ein und entschied, dem Verein für Feuerbestattung eine Fläche von 3790 Quadratmetern zu überlassen. Am 1. März 1906 gab auch die Stadtverordnetenversammlung ihre Zustimmung. Der Vertrag sah vor, dass das Gelände für 50 Jahre an den Verein verpachtet werden sollte. In diesem Zeitraum sollte der Verein eine jährliche „Anerkennungsgebühr" von 500 Mark an die Stadt entrichten. Danach sollte die Urnenhalle kosten- und schuldenfrei in den Besitz der Stadt übergehen. Aus diesem Grund behielt sich die Stadt auch das endgültige Entscheidungsrecht vor, was die architektonische Gestaltung der Anlage anging. Nicht der Verein, sondern das Stadtbauamt in Gestalt von Stadtbaurat Ludwig Hoffmann würde über die eingereichten Entwürfe entscheiden.[36]

Im Jahr 1906 legte der Verein dem Stadtbaurat die Entwürfe zweier Architekten vor. Der erste Architekt war Rudolph Schröder, der seine Entwürfe für den Zentralfriedhof in Friedrichsfelde nutzen wollte, der zweite Architekt war Johannes Baader. Max Pauly, Redakteur der Vereinszeitschrift „Die Flamme" und Büroleiter des Vereins für Feuerbestattung, leitete die Verhandlungen mit der Stadt zum Bau der Urnenhalle. Er beschrieb die beiden unterschiedlichen Entwürfe in seiner „Geschichte des Vereins für Feuerbestattung" folgendermaßen: „Die beiden Entwürfe unterschieden sich hauptsächlich darin voneinander, dass bei Schröder ein Mittelbau mit weit ausladenden Flügeln, an die nach Bedarf wieder Seitenarme sich schließen sollten, also eine Entwicklung in die Breite vorgesehen war, während Baader ein in die Höhe strebendes, in sich geschlossenes Gebäude aufführen wollte. Beide aber sollten die Mängel der bis dahin in Deutschland und im Auslande bestehenden Urnenhallen vermeiden; sie bestehen darin, dass, um den Raum auszunutzen, die

Beisetzungsstätten in vielen Reihen übereinander liegen, so dass manchmal die oberen nur mittels sehr hoher Leitern zu erreichen sind."[37]

Die Entwürfe Rudolph Schröders haben sich leider nicht erhalten, Paulys Beschreibung in der „Flamme" ist der einzige Hinweis auf die Baugestalt der von ihm geplanten Halle. In einer anderen Schilderung von Pauly findet sich zudem der Hinweis, dass Schröder seine Vorgaben berücksichtigt hatte und nur jeweils drei übereinander angeordnete Urnenreihen vorsah. Auch plante sein Entwurf Rollstuhlrampen ein, da Pauly großen Wert darauf legte, dass auch die oberen Galerien von den gebrechlichen Mitgliedern des Vereins erreicht werden konnten.[38]

Abb. 9: Johannes Baader, Vorentwurf Urnenhalle, 1906/07

Johannes Baader, der zweite Architekt, dessen Entwürfe dem Bauamt vorgelegt wurden, sah einen monumentalen, in die Höhe strebenden Bau vor [Abb. 9]. Baaders Zeichnungen, die er mit Kommentaren versah, hatten eher den Charakter eines Vorentwurfs, nicht den eines Bauplans. Ein wichtiges Detail ist dem Artikel einer Ausgabe der „Flamme" aus dem Jahr 1906 zu entnehmen. Demzufolge sollte die Kapazität der Urnenhalle gewaltig sein. Baader plante, darin Platz für etwa 25.000 Urnen bereitzustellen.[39]

Beide Entwürfe, der Baaders und der Schröders, wurden von Stadtbaurat Ludwig Hoffmann abgelehnt. Schröders Fassade wurde von Hoffmann als „für einen Bahnhof ganz hübsch" befunden, sie „passe aber nicht für den ernsten Zweck einer Urnenhalle".[40] Welche Einwände Hoffmann bei Baaders Zeichnung hatte, ist hingegen nicht überliefert. Ästhetischer Art können sie kaum gewesen sein, denn der Stil des Gebäudes lehnte sich eng an die Formensprache Alfred Messels an, dem Hoffmann freundschaftlich verbunden war.

DIE ENTSCHEIDUNG FÜR WILLIAM MÜLLER

Zur Verärgerung des Verhandlungsführers Max Pauly dauerte es ein weiteres Jahr, bevor er im persönlichen Gespräch mit Hoffmann von dessen „künstlerischen Anschauungen" erfahren konnte, zu deren Umsetzung „Privatbaumeister William Müller" [Abb. 10] gefunden wurde. Nur indirekt ist Paulys Schilderung zu entnehmen, dass die Wahl Müllers nicht seine eigene Entscheidung oder die des Vereins war, sondern von Stadtbaurat Hoffmann getroffen wurde.[41] Dass Ludwig Hoffmann von seiner finalen Entscheidungsgewalt Gebrauch gemacht hatte, indem er dem Verein den von ihm selbst ausgewählten Baumeister William Müller vor die Nase setzte, lässt sich aus einem späteren Text Paulys schließen: „Wohl oder übel war der Verein genötigt, sich den Forderungen der städtischen Architekten zu fügen (...)."[42]

Mit William Müller wählte der Stadtbaurat indes keinen unbekannten Architekten. William Müller hatte nach seiner Ausbildung am Berliner Kunstgewerbemuseum in der Architekturklasse von Alfred Messel, für den er danach eine Weile arbeitete, ein

Abb. 10: William Müller (1871–1913)

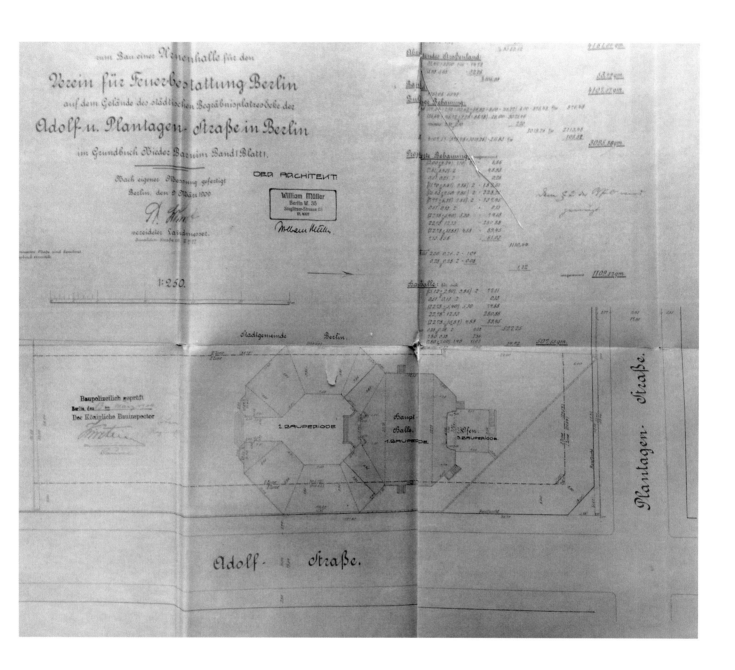

Abb. 11: Die Bauphasen des Krematoriums, Bauplan: William Müller, 1909

Volontariat am neu gegründeten Stadtbauamt im Büro des Stadtbaurates Ludwig Hoffmann absolviert.[43] Müller war zudem der Vorzeigeschüler von Alfred Messel, den Hoffmann sehr schätzte. Diese Faktoren dürften letztlich den Ausschlag gegeben haben.

Es ist also wenig erstaunlich, dass Müllers Entwürfe für eine Urnenhalle in Berlin-Wedding, die er dem Stadtbauamt im Juli 1907 vorlegte, die Zustimmung seines ehemaligen Mentors Hoffmann fanden. Es handelte sich dabei bereits um eine Überarbeitung der Erstentwürfe, denn „als bekannt wurde, dass die preußische Regierung die Zulassung der Feuerbestattung plane, (...) stellte sich sofort der Wunsch ein, die Urnenhalle mit einem Krematorium zu verbinden", so Max Pauly in seiner Schilderung der Ereignisse.[44] Dazu waren noch einige Änderungen notwendig, unter anderem die Vergrößerung der Haupthalle für die Trauergemeinde, ein Raum für zwei Einäscherungsöfen, Leichenkammern und ein Sezierraum. Erst nachdem Müller diese Änderungen vorgenommen hatte, legte er die Pläne Stadtbaurat Ludwig Hoffmann vor, der den Entwurf nach wenigen Wochen genehmigte, „ohne dass nur ein Strich daran geändert worden wäre", wie Pauly vermerkte.[45]

Nun kam auch wieder Bewegung in die bis dahin zähen Vertragsverhandlungen. Die Stadtverordnetenversammlung kam nun ihrerseits dem Verein entgegen, der den Architekten William Müller akzeptiert hatte, indem sie die jährliche Pacht auf 100 Mark senkte und die Beisetzungsgebühr auf 10 Mark pro Asche, zumindest bis zur Zulassung der Feuerbestattung in Preußen. Der endgültige Vertrag zwischen Stadt und Verein, der eine Verpachtung auf 50 Jahre und die anschließende Übergabe an die Stadt vorsah, wurde am 6. August 1908 geschlossen. Wenige Wochen später reichte William Müller seine Entwurfszeichnungen bei der Baupolizei ein.[46] Da man fürchtete, dass man damit einen Grund für die Ablehnung des Bauprojekts liefern würde, ließ Müller bei den zunächst eingereichten Zeichnungen jeden Hinweis auf den späteren Einbau von Schornstein und Ofenanlage weg. Verwundert nahm die Baupolizei dies zur Kenntnis und wies darauf hin, dass es doch viel sinnvoller sei, die Genehmigung für diese Änderungen frühzeitig einzuholen, da sie später sowohl schwieriger zu genehmigen als auch viel teurer in der Ausführung sein würden.[47] Dem Rat der Behörde folgend, überarbeitete Müller seine Zeichnungen und fügte die für einen späteren Zeitpunkt vorgesehenen Baumaßnahmen nun mit ein.

Einem Schreiben Müllers an die Baupolizei, dem er seine sieben überarbeiteten Zeichnungen am 24. Dezember 1908 beilegte, ist zu entnehmen, dass für die Gesamtanlage drei Bauphasen vorgesehen waren: 1. Bau der Haupthalle samt Schornstein und Fundamenten für die Ofenanlage, 2. „die beiden seitlichen Anbauten um den Urnenhof", die erst nach „mehreren Jahren" ausgeführt würden, und 3. die „Aufstellung der Verbrennungsöfen und der Anbau des dafür erforderlichen Ofenhauses".[48] Diese drei Bauphasen zeichnete Müller auch in seinem Gesamtplan ein [Abb. 11].

GENEHMIGUNG, GRUNDSTEINLEGUNG UND FINANZIERUNG

Am 8. Februar 1909 erteilte die Behörde dann die Baugenehmigung, unter der Auflage, dass keine „gottesdienstlichen Handlungen" in der Urnenhalle durchgeführt werden. Der Bauschein wurde am 19. März ausgestellt,[49] dann wurden abschließende Angebote eingeholt, und der Verein beauftragte den Architekten Rudolph Schröder [Abb. 12] mit der Ausführung der Bauarbeiten.[50] Nach der Ausschachtung wurden am 23. April die ersten Steine vermauert,[51] und am 16. Mai erfolgte die Grundsteinlegung. In einer feierlichen Zeremonie wurde eine Kupferschatulle mit verschiedenen Dokumenten des Vereins für Feuerbestattung in einen Pfeiler eingemauert, darunter die Geschichte des Vereins aus der Feder von Max Pauly, die Vereinssatzung, die erste Nummer der „Flamme" und andere Schriftstücke.[52] [Abb. 13].

Die Baukosten musste der Verein für Feuerbestattung alleine stemmen. Obwohl die spätere Übergabe des Gebäudes an die Stadt Berlin im Pachtvertrag festgelegt war, beteiligte sich die Stadt finanziell nicht an dem Projekt. Die gesamte Anlage mit den später auszuführenden Seitenflügeln war mit 300.000 Mark veranschlagt, doch der Verein hielt es für sinnvoll, sich zunächst auf die Aufbringung der Mittel für den ersten Bauabschnitt, den Bau der Kuppelhalle, zu konzentrieren. Dieser wurde mit Kosten von etwa 120.000 Mark veranschlagt. Etwa 50.000 konnten aus dem Vereinsvermögen gedeckt werden, der Rest von 70.000 Mark sollte durch vorverkaufte Urnenplätze in Urnenhain und Urnenhalle aufgebracht werden.

Da absehbar war, dass auch das nicht reichen würde, rief der Verein noch vor der Grundsteinlegung zur Unterstützung des Bauprojekts auf, zu Darlehen, Spenden und Patenschaften für Teile des Inventars (Orgel, Buntglasfenster etc.).[53] Man nutzte die Februar-Ausgabe der „Flamme" nicht nur zu einem breit angelegten Spendenaufruf, sondern auch dazu, der Öffentlichkeit das Bauprojekt erstmalig ausführlich und mit reicher Bebilderung vorzustellen. Auf dem Titelblatt warb man mit einer Fotografie vom Modell[54] des Gebäudes, auf den nachfolgenden Seiten gaben Zeichnungen von William Müller einen ersten Eindruck vom Inneren des Gebäudes, während ein Grundriss den Zuschnitt der Gesamtanlage zeigte [Abb. 14, 15, 16, 17].

Müllers Entwurf sah für die Urnenhalle einen mehrstöckigen Zentralbau auf achteckigem Grundriss vor, dem später zwei Flügelbauten um einen ebenfalls achteckig angelegten Innenhof angefügt werden sollten. Von der Wirkung der Anlage könne das Modell nur eine schwache Vorstellung vermitteln, heißt es in dem Artikel, es sei aber bereits auf der Berliner Kunstausstellung

Abb. 12: Rudolph Schröder (1863–1918)

No. 413.   Berlin, den 1. Juni 1909.   26. Jahrgang.

Die Flamme

Zeitschrift zur Förderung der Feuerbestattung im In- u. Auslande

Offizielles Organ des Berliner Vereins und der Internationalen Kommission.

Erscheint monatlich zweimal.
Jahres-Bestellung . . . . 4 M.
Vierteljährlich . . . . . 1 M.
Einzelne Nummer . . . 30 Pf.

Offizielle Anzeigenannahme
E. Künstler & Sohn,
Berlin S.W. 13, Alte Jacobstr. 7,
Tel. IV, 10016.

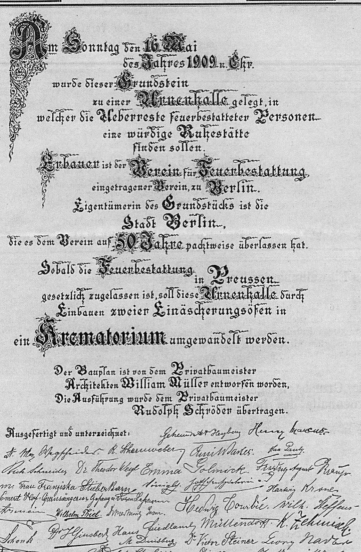

Faksimile der Grundsteinlegungs-Urkunde.

Abb. 13: „Die Flamme", Nr. 413 (1909): Faksimile Grundsteinlegungsurkunde

No. 405.

1. Februar 1909.

Die Flamme.

Erscheint monatlich zweimal.

Jahres - Bestellung 4 *M*
Vierteljährlich . . . 1 *M*
Einzelne Nummer 30 *₰*

Anzeigen-Gebühr
für die dreigespaltene Zeile 50 Pfg.
Abfertigung:
Berlin C. 2. Breitestrasse 5.
Tel.: Amt I, No. 162ᵇ.

Zeitschrift zur Förderung der Feuerbestattung im In- und Auslande.
Offizielles Organ des Berliner Vereins und der internationalen Kommission.

XXVI. Jahrgang.

Bestellungen werden bei allen Postanstalten angenommen.
Nachdruck sämtlicher Originalaufsätze mit oder ohne Quellenangabe wird gern gestattet.

XXVI. Jahrgang.

An unsere Vereinsmitglieder und alle Freunde der Feuerbestattung!

Neue Urnenhalle in Berlin (Modell-Photographie).

Nach jahrelangen Bemühungen, nach Ueberwindung unglaublicher Schwierigkeiten stehen wir endlich unmittelbar vor dem Beginn des Baues der neuen Urnenhalle.

Der Vertrag mit der Stadt Berlin, durch den uns ein vortrefflich geeignetes Gelände auf dem alten städtischen Friedhofe in der Gerichtstrasse auf 50 Jahre überlassen wird, ist geschlossen; der Bauplan hat die

Abb. 14: „Die Flamme", Nr. 405 (1909): Titelblatt

Abb. 15: Urnenhalle, Handzeichnung William Müller

Abb. 16: Seitenhalle, Handzeichnung William Müller

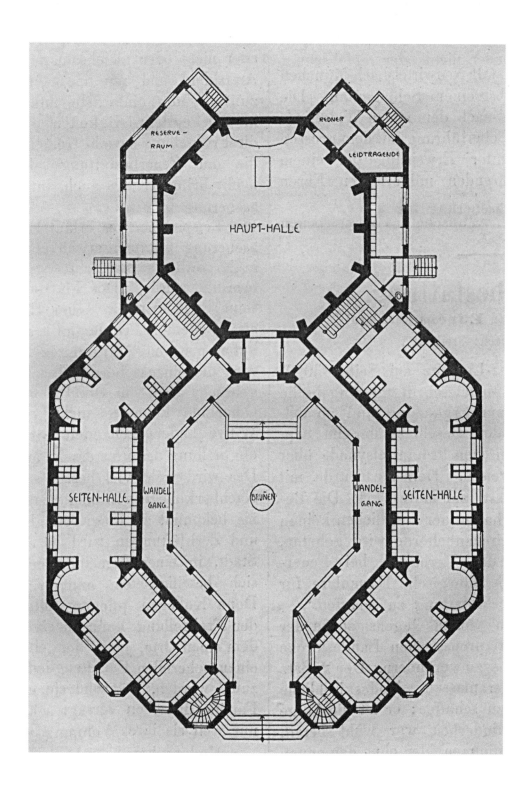

Abb. 17: Grundriss der Gesamtanlage

von 1908 vorgestellt und von der Fachpresse als eine „in ihrer weihevollen Stimmung ganz entzückende Anlage" gelobt worden.[55]

Der Artikel warb für das neue Gebäude, das „nicht toten Schmuck (...) durch architektonischen Zierrat, sondern lebendigen durch Schlingpflanzen erhalten" sollte. Für die Vermietung der Urnenplätze pries man die Innengestaltung der Halle an: „Und wie das Äussere, so soll auch die innere Einrichtung neu und eigenartig gestaltet werden. Alle Mängel, die mit Recht den jetzt bestehenden Urnenhallen nachgesagt werden (...), werden hier vermieden werden. Jede Urne wird ihren von den Nachbarurnen deutlich gesonderten Platz haben, jede wird ohne Leiter vom Fussboden aus zu erreichen sein, jede wird mit lebenden oder künstlichen Blumen und Pflanzen geschmückt werden können: aber auch zur Beisetzung von Aschenkapseln allein, ohne Urnen, in geschlossenen Wandfächern wird Gelegenheit geboten werden. Dadurch wird es möglich, die Beisetzungsgebühr allen Verhältnissen anzupassen."[56]

Der Spendenaufruf war ein voller Erfolg, und noch vor der Grundsteinlegung kamen 58.765 Mark zusammen, davon allein 35.315 Mark durch die Vermietung von Urnenplätzen, der Rest durch Spenden und Darlehen.[57] Zu weiteren Spenden wurde auch danach aufgerufen, denn das nächste Ziel des Vereins war es, die 200.000 Mark zusammenzubekommen, welche die Fertigstellung nicht nur der Urnenhalle, sondern auch die Bestellung des davor anzulegenden ersten Urnenhains von Berlin ermöglichen würden. Zudem wollte der Verein über ein finanzielles Polster für alle Eventualitäten verfügen.[58]

DER ARCHITEKT
WILLIAM MÜLLER (1871–1913)

Heute ist William Müller weitgehend vergessen und lediglich einigen wenigen Kennern durch Einträge in den Denkmalregistern der Städte Berlin und Hamburg bekannt.[59] Zu Lebzeiten aber war Müller einer der produktivsten Architekten, die um die Jahrhundertwende in Berlin tätig waren. Über seinen Lebensweg ist wenig bekannt. William Müller wurde am 31. Oktober 1871 in Großenhain in Sachsen als Sohn des dortigen Amtsbaumeisters geboren und starb 1913 nach schwerer Krankheit in einem Sanatorium in Braunlage. Was man sonst über seinen Werdegang weiß, ist im Wesentlichen einem Nachruf auf den früh verstorbenen Architekten zu entnehmen, den sein Büropartner Hermann Jansen in der Zeitschrift „Der Baumeister" (Heft 6, 1913) verfasste. Darin hebt Jansen die Ausbildung Müllers bei Alfred Messel als entscheidende Weichenstellung hervor und betont die Sonderposition Müllers unter allen Schülern von Messel: „Dem kritischen Auge des Meisters schien er der Berufenste, sein künstlerisches Erbe dereinst anzutreten und selbständig weiter auszubauen. Von Berlin aus ging William Müller gut vorgeschult nach Leipzig zu Ludwig Hoffmann, der ihn zunächst beim Neubau des Reichsgerichtes, dann auf dem neu gegründeten Hochbauamt der Stadt Berlin beschäftigte. Unter glänzenden Bedingungen in das Entwurfsbüro der Möbelfirma Pfaff für den künstlerischen Ausbau der grossen Amerika-Dampfer berufen, folgte er doch bald seinem Lieblingswunsche und machte sich mit 28 Jahren selbständig." Sein Schritt in die Selbstständigkeit erfolgte an der Seite Hermann Jansens, mit dem er 1899 ein gemeinsames Architekturbüro eröffnete. Sein Büropartner Jansen, der Herausgeber der Zeitschrift „Der Baumeister" war, machte William Müller im Oktober 1904 zum Mitherausgeber des 1902 gegründeten Fachblattes. Dass Müller darauf sehr stolz war, ist seinem Brief an den von ihm bewunderten Architekten und Theoretiker Hermann Muthesius zu entnehmen, dessen Hauptwerk „Das englische Haus" (1904/05) Müller tief beeindruckt hatte.[60] Eine Antwort von Muthesius, den Müller um seine Meinung zum „Baumeister" gebeten hatte, ist nicht überliefert.[61] William Müller blieb bis zu seinem Tode Mitherausgeber dieser Zeitschrift. Sie lieferte auch einen Epilog zu seinem Werk. Neben dem Abdruck des Nachrufs von Hermann Jansen, der auch bei der Trauerfeier für Müller am 17. Februar sprach, präsentierte man in den Folgenummern der Zeitschrift eine kleine „Werkschau" des früh verstorbenen Architekten.[62]

Diese gibt einen Eindruck von der vielseitigen Begabung William Müllers, der an zahlreichen Wettbewerben teilnahm, sich neben der Architektur auch dem Kunstgewerbe widmete und Möbel entwarf. Unter dem Eindruck der englischen Arts-and-Crafts-Bewegung gründete William Müller gemeinsam mit dem Architekten Emil Schaudt und den Bildhauern Richard Guhr und Franz Metzner die Neue Gruppe Berlin, die mit vier Musterräumen auf der Berliner Kunstausstellung 1903 vertreten war [**Abb. 19**]. Besonders seine ab 1904 entstandenen Bauten zeigen die Vielfalt des Architekten, der Arbeitersiedlungen (Alsen, 1904, Büssow),

Brücken (Zossener Brücke, Landwehrkanal, Berlin 1912 [Abb. 20]), Geschäftshäuser (Verlagsgebäude Julius Springer, Linkstraße, Berlin 1912 [Abb. 21]), Theater (Kammerspiele des Deutschen Theaters, 1906), Schlösser (Kuchelna, 1908; Großgorschütz; Bärfelde), Jagdhäuser (Koschentin), Villen (Villa Troplowitz, Hamburg 1907/08 [Abb. 18]) und Landhäuser (Dr. Moll, Zehlendorf, 1908; Dr. Schmidtlein, Zehlendorf) ebenso wie Grabmale (Moll, Berlin 1905; Kannengießer, Prenzlau; Pulvermacher, Breslau) entwarf.[63] Bei aller Vielfalt der Gestaltungsansätze zeigte sich William Müller dabei stets den Prinzipien der Symmetrie, der plastischen Wirkung von Baukörpern und dem sparsamen Einsatz von Bauschmuck verpflichtet.

Abb. 19: Badezimmer, Entwurf von William Müller, 1903

Abb. 20: Zossener Brücke,
Landwehrkanal, Berlin, 1912

Abb. 21: Verlagsgebäude Julius Springer,
Ansicht 1912

DIE URNENHALLE: ARCHITEKTUR UND REAKTIONEN

So entscheidend der Anteil der Ingenieure und Mediziner war, die sich bemühten, der Feuerbestattung in der städtisch geprägten Moderne zu ihrem Recht zu verhelfen, so wichtig war die Rolle der Architekten. Sie sahen sich vor einer schwierigen Aufgabe. Das Krematorium stellte eine vollkommen neue Bauaufgabe dar. In dem stark von christlichen Traditionen geprägten Bereich von Tod und Bestattung sollte die Architektur zwischen Trauer und Technik vermitteln und der neuen, weltlich ausgerichteten Bestattungsform zu gesellschaftlicher Akzeptanz verhelfen. Ohne auf historische Vorbilder zurückgreifen zu können, mussten die Architekten Ofenanlagen und Einäscherung, Urnenaufbewahrung und zeremonielle Trauerhalle in einem Gebäudeentwurf miteinander verbinden. Eine Herausforderung, auch für den aufstrebenden Architekten William Müller **[Abb. 22, 23]**.

So ließ auch die Kritik an Müllers Entwurf aus den Reihen der Feuerbestattungsfreunde nicht lange auf sich warten, nachdem das Modell 1909 in der „Flamme" veröffentlicht worden war **[Abb. 14]**: „Dieser [Bau] hat entschieden etwas Düsteres, Kastell- um nicht zu sagen Gefängnisartiges an sich, der auch durch die geplante Umrahmung der Wände mit Efeu und Immergrün wohl schwerlich gehoben werden kann, im Gegenteil dürfte dadurch der wenig anheimelnde Charakter eines alten Burgverlieses erst recht hervortreten (…). Man wird sich überhaupt nicht recht klar darüber, was da eigentlich für ein Baustil sein soll; anscheinend ein romanischer, obwohl er nicht gleichmäßig ausgebildet ist. Dabei wirkt aber die schwere, drückende Dachkonstruktion höchst unvorteilhaft, sodass man unwillkürlich an den Speicher- oder Scheunenstil denkt. (…). Bis jetzt ist der richtige, völlig harmonische Baustil weder für Urnenhallen noch für Leichenbrandhäuser gefunden. Man schließt sich namentlich bei letzteren immer noch zu ängstlich an den (christlichen) Kirchenstil an, wie z. B. in Zittau oder Hagen, ohne zu bedenken, dass die Leichenbestattung gerade nach Ansicht der Krematisten mit der Religion nichts zu tun hat, die Krematorien vielmehr den Anhängern aller Bekenntnisse gleichmäßig dienstbar sein sollen. Demgemäß wird man dafür freiere, konfessionslose Formen zu wählen haben und den Blick hauptsächlich auf die Antike und Frührenaissance richten müssen. Das Krematorium in Mailand bietet dafür ein beachtenswertes Vorbild."[64]

Müllers Antwort ließ nicht lange auf sich warten. Zwei Ausgaben später äußerte sich der Architekt unter Verweis auf die schwierigen Bedingungen im Wedding zur Planung der Anlage. Da es sich dabei um die einzig gesicherte Aussage Müllers überhaupt zu seinem Gebäude handelt, sei sie hier ausführlich zitiert: „Die Urnenhalle wird im Norden der Stadt am Wedding erbaut, in einer für architektonische Erscheinungen an sich ungünstigen Gegend. Mit solchem von hohen Mietskasernen begrenzten Gelände sich abzufinden, ist nicht leicht, mithin drängte die Verlegung des Schwerpunktes des Geländes zu einer internen Anlage – zur Vorlage eines Vorhofes. Das ohnehin nicht hohe Gebäude vor dem Zentralbau erhielt mit diesem durch einen niedrig gehaltenen Umgang gestaffelten Vorhof eine wirkungsvolle Steigerung seines Maßstabs, dem berufene Fachleute, die allein in der Beurteilung schwieriger Baulösungen zuständig sind (…) rückhaltlos Anerkennung zollten. Außer den führenden Fachzeitschriften waren es u. a. die Jury der vorjährigen Berliner Kunstausstellung. (…) Laienhaft ist ferner die berüchtigte erste Frage, in welchem Stil das Bauwerk

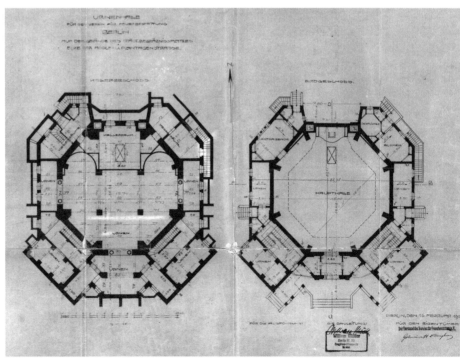

Abb. 22: Ansicht der Urnenhalle, 1910/12,
Foto: Paul Lamm

Abb. 23: William Müller, Urnenhalle,
Grundriss des Oktogons, 1909

Abb. 24: Seitenarm der Urnenhalle, Ansicht 1913

erbaut werden solle. Das Wort Stil existiert für den Schaffenden nicht mehr, diese unselige Frage ist glücklicherweise längst der Rumpelkammer überwiesen. Dass es mit der stilistischen Kenntnis des Herrn Anonymus nicht besonders bestellt ist, beweisen die angezogenen Gegenbeispiele zur Berliner Urnenhalle. Das Krematorium in Mailand, als Beispiel eines in den freieren, konfessionslosen Formen der Antike oder der Frührenaissance gehaltenen Bauwerkes, werden die deutschen Architekten neidlos den Mailändern überlassen; ihnen scheint's verdienstlicher, in deutschen Formen ihre Bauaufgaben zu halten, und handelt es sich hierbei um neue Themen, so wenden sie mit Erfolg gerade hier, von der Mode unabhängige, neutrale Formen an. Beides ist bei der Berliner Urnenhalle versucht."[65]

Müllers Replik ist höchst aufschlussreich, nicht nur, weil sie deutlich hervortreten lässt, welch große Herausforderung die dicht bebaute Umgebung im Wedding darstellte, sondern auch, weil sie einiges darüber verrät, wie Müller sich in der Architekturlandschaft seiner Zeit positionierte. So ist seine Distanz zum Historismus mit seinem beliebigen Rückgriff auf historische Baustile und internationale Strömungen unüberhörbar. Ebenso deutlich klingt sein Bekenntnis zum schlichten Reduktionsstil der Reformarchitektur an, seine Nähe zum Heimatschutzstil und zu lokalen Bautraditionen.

Unter Müllers eigenem Statement findet sich in derselben Zeitschrift noch die Aussage eines „namhaften", anonymen Architekten, der Müller zur Seite springt. Auch wenn dieser die an Wohnbauten erinnernden „unausgeglichenen Dachformen" kritisch anspricht, lobt er doch die „ausgezeichnete Komposition" der Anlage und betont die besondere Herausforderung durch die neue Bauaufgabe: „Die Bauaufgaben, die die Feuerbestattungsart mit sich bringt, sind neuartig, daher wird es noch einige Zeit dauern, bis sich dafür das Passende oder später Typische herauskristallisiert. Soweit sind wir heute noch nicht, und wir müssen jede Lösung, wenn sie nur aus tiefem künstlerischen Empfinden heraus geboren ist, begrüßen."[66] Ähnlich sah es auch das Fachpublikum. Noch vor der Einweihung der Urnenhalle wurde die Anlage im Jahr 1910 auf der Berliner Städtebau-Ausstellung vorgestellt. Angesichts der sprunghaft wachsenden Bevölkerung Berlins, die sich zwischen den 1870er Jahren und 1905 mehr als verdoppelt hatte und nun mehr als zwei Millionen Einwohner betrug, war die raumsparende Feuerbestattung ein Thema, für das sich auch die offizielle Stadtplanung immer stärker interessierte.[67]

Nach dem erfolgreichen Spendenaufruf im Februar und der Grundsteinlegung im Mai fand am 31. August 1910 die Gebrauchsabnahme der Urnenhalle statt. Die Halle mitsamt dem darunter gelegenen Kellergeschoss, den schräg gestellten offenen Loggien und den dahinter verborgenen Seitenkapellen, war endlich fertiggestellt **[Abb. 24]**. Das „Berliner Tageblatt" nahm den neuen Bau im Wedding wohlwollend in Augenschein: „In Achteckform türmt sich, feingegliedert, die Halle auf; die Mauern sind in grauem Rauhputz gehalten, und die holländischen Pfannen der Dächer nehmen mit ihrem silbrigen Grauschwarz diesen melancholischen Ton auf. So wirkt die Halle wie aus einem Guss (…). In die siebzehn Meter hohe Halle fällt durch die matten Scheiben der Fenster

Abb. 25: Urnenhalle innen, 1910   **Abb. 26:** Urnenhalle mit Blumenschmuck, ca. 1926

Abb. 27: Kellergeschoss der Urnenhalle, 1910

Abb. 28: Familiengrabstätte im Seitenarm der Urnenhalle, ca. 1913

gedämpftes, warmes Licht (…). An den Wänden ziehen sich die kleinen, gewölbten Nischen für die Urnen hin."[68]

William Müller hatte die Urnenhalle, um den Bau über seine Umgebung hinauszuheben, samt den Seitenanbauten auf einer künstlichen Erhöhung errichtet. Der zentrale Eingang war über eine Freitreppe zu erreichen. Der Außenbau war grau verputzt, das Pyramiden-Mansarddach von Mönchspfannen in grau-schwarzem Schiefer bedeckt. Auch die Innenausführung war vergleichsweise schlicht. Die Feierhalle war mit graugelbem Kunstmuschelkalkstein ausgekleidet, die Kuppel selbst war hellbraun verputzt.[69] Die Belichtung erfolgte über zwei große Seitenfenster und ein Oberlicht an der Frontseite des Gebäudes. Die beiden Galerien im ersten und zweiten Obergeschoss waren mit Messinggeländern zum Inneren der Halle abgeschlossen. Sie enthielten insgesamt 372 Urnennischen,[70] die durch zehn Zentimeter breite Stege voneinander getrennt waren. Damit kam Müller den Forderungen des Vereins für Feuerbestattung und insbesondere Max Paulys nach, der nachdrücklich gefordert hatte, dass jede Urnennische Raum für die private Andacht und die Anbringung von Blumenschmuck bieten sollte[71] [Abb. 25].

Den Hinterbliebenen in dieser Weise Freiraum für die individuelle Gestaltung der Urnennischen zu bieten, rief die Kritiker auf den Plan. Zu diesen gehörte wohl auch Müller selbst, glaubt man einer Polemik, die 1911 veröffentlicht wurde. Dort ist die Rede davon, dass sich der Architekt gegen „die brutalen Zerstörer gewehrt" habe, aber offenbar nicht deutlich genug. Es folgt eine Tirade gegen die „protzigen", „viel- und übelgestaltigen" Aschengefäße und das „Gekreisch der schmückenden Übungen" durch „brave Hinterbliebene". William Müller solle die Verschließung aller Nischen mit einheitlichen Platten erzwingen, sonst habe er seine „Architektur umsonst gemacht".[72] Zieht man einmal die Dramatik ab, zielt dieser Appell im Kern auf eine Friedhofsreform mit dem Ziel einer Vereinheitlichung von Gräbern und Grabschmuck [Abb. 26].

Mit der Anordnung der Urnennischen in drei übereinanderliegenden Reihen kam William Müller auch der Forderung Max Paulys nach, dass jede Nische ohne Leiter erreichbar sein müsse. Auch in den Seitenarmen der Haupthalle folgte die Gestaltung diesem Muster, ebenso in dem unter der Halle gelegenen Kellergeschoss mit seinen Urnennischen [Abb. 27]. Dieses wurde, in Anlehnung an die unter dem Altar von christlichen Kirchen gelegenen Grabkammern, kurioserweise „Krypta" genannt – ein Hinweis darauf, wie schwierig es war, sich im Bereich der Feuerbestattung von der kirchlichen Tradition zu lösen. Insgesamt konnten in der Halle, den Seitenarmen und der Krypta nach der Fertigstellung etwa 1100 Aschereste beigesetzt werden.[73] In den Seitenarmen sollten neben Einzelplätzen auch Familiengrabstätten untergebracht werden [Abb. 28]. Laut einem Bericht in der „Flamme" von 1911 sollte der Platz im Erdgeschoss unterhalb der Emporen ausschließlich der Aufstellung „besonders künstlerischer Denkmäler" vorbehalten sein, über die William Müller entscheiden sollte.[74] Ob dieser Bereich wirklich genutzt wurde, lässt sich nicht mehr ermitteln. Die erhaltenen fotografischen Zeugnisse geben jedenfalls keinen Hinweis darauf, dass im Erdgeschoss der Haupthalle je Grabdenkmale zur Aufstellung kamen.

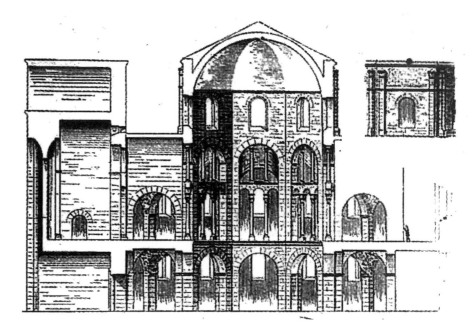

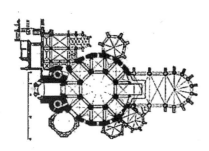

DAS OKTOGON

Der Zentralbau, der im Sommer 1910 seine Bauabnahme feiern konnte, zeigt den Einfluss sowohl altrömischer Grabanlagen als auch frühchristlicher Zentralbauten. Mit ihren in der Wand versenkten Urnennischen erinnert die zentrale Halle an römische Kolumbarien, die sich als Bautyp in der römischen Kaiserzeit ausbildeten, insbesondere an das „Kolumbarium der Freigelassenen" des Augustus [Abb. 1].

Mit dem Oktogon hingegen entschied sich Müller für einen Grundriss, der bei frühchristlichen Zentralbauten meist für Tauf- oder Grabkapellen reserviert war. Dies allein war nicht weiter erstaunlich und sogar bausymbolisch passend, denn damit war die christliche Symbolik des „achten Tages" verbunden, die einen Neubeginn markiert. Frappierend ist hingegen, dass sich Müller mit seinem sakral wirkenden Zentralbau über einem achteckigen Grundriss eindeutig an der Aachener Pfalzkapelle und Grablege Karls des Großen (8. Jahrhundert) orientierte [Abb. 29]. Darin liegt eine besondere Ironie, war es doch Karl der Große gewesen, der die Feuerbestattung als heidnischen Brauch gebannt und unter Todesstrafe gestellt hatte.[75]

Vermutlich wählte Müller den Bautyp des Oktogons aufgrund seiner frühchristlichen Verwendung als Tauf- oder Grabkapelle und setzte auf die archaische Wirkung eines solchen symmetrischen Zentralbaus. Dadurch konnte eine sakrale und feierliche Wirkung erzielt werden, ohne dass man

Abb. 29: Grundriss, Quer- und Längsschnitt
der Aachener Pfalzkapelle, ca. 1887

Abb. 30: Frauenfigur über dem Eingangsportal

Abb. 31: Greif am Eingangstor zum Innenhof

sich direkt auf den christlichen Kirchenbau berief – eine passende Form für einen Bautyp, der mit der Feuerbestattung zwar einer weltlichen Bestattungsform gewidmet war, aber trotzdem nicht auf klassische Würdeformeln verzichten wollte.

BAUSCHMUCK UND ARCHITEKTUR

Der Bauschmuck war beim neuartigen Bautyp des Krematoriums eine besondere Herausforderung. Mit der konfessionellen Neutralität des Krematoriums, das eine weltliche Alternative zur christlichen Bestattung darstellen sollte, verband sich auch die Verpflichtung zu einer neutralen Formensprache. Es galt, durch figürlichen und ornamentalen Bauschmuck ein Bildprogramm der Feuerbestattung zu entwickeln, das Sinn stiften konnte, ohne sich christlicher Symbolik zu bedienen. Dies sollte auch der vor allem von kirchlicher Seite vorgebrachten Kritik entgegenwirken, die Kremation basiere auf einem rein mechanisch-materialistischen Menschenbild. Der Bauschmuck des Gebäudes zeigt diese angestrebte Neutralität, die sich am ehesten als offene Vieldeutigkeit beschreiben lässt – mit einer Symbolik, die oft sowohl christlich als auch klassisch humanistisch ausgelegt werden kann.

DIE FRAUENFIGUR

Das beste Beispiel dafür ist die Frauenfigur über dem Eingangsportal [Abb. 30]. Während die beiden Flammenschalen über ihrem Haupt einen eindeutigen Hinweis auf die Feuerbestattung darstellen, ist sie in ihrer bewusst vieldeutigen Gestaltung offen für die Interpretation zwischen Marienfigur, antiker Gottheit und Tempeldienerin.

Die segnende Gebärde und frontale Ansicht sprechen für eine Marienfigur und erinnern an byzantinische Madonnendarstellungen. Das Gefäß in ihrer Hand spricht dagegen. Eine weitere Kandidatin aus dem christlichen Umfeld wäre Maria Magdalena, denn zu ihrer Darstellung gehörte das Salbgefäß. Damit ging Maria Magdalena zum Grab Christi, um dessen Leichnam einzubalsamieren, und sie war der erste Mensch, der dem auferstandenen Sohn Gottes begegnete. Es wäre allerdings sehr ungewöhnlich, ausgerechnet Maria Magdalena an dieser zentralen Stelle zu einer Symbolfigur der Feuerbestattung zu machen. Als erste Zeugin der Auferstehung Christi war sie zu eindeutig christlich besetzt, und als christliche Identifikationsfigur wiederum war sie zu wenig konfessionsübergreifend, da ihr Rang in der katholischen Kirche stark umstritten war.

Oder handelt es sich um Hekate? In der griechischen Mythologie war sie die Göttin der Nekromantie (Totenbeschwörung), der Schwellen und Übergänge, eine Wächterin zwischen den

Welten. In manchen Darstellungen gehörte eine Schale zu ihren Attributen. Gegen diese Deutung spricht, dass Hekate meist mit einer Art Kranz auf dem Kopf und einer Fackel in der Hand dargestellt wurde, es fehlen also die gebräuchlichsten Attribute der Göttin. Für eine Eignung als „Schutzheilige" der Feuerbestattung war Hekate zudem viel zu sehr mit der Magie und Hexerei verschwistert. Im klassischen Bereich käme auch eine Deutung der Figur als Vestalin in Frage. Vestalinnen waren die Hüterinnen des heiligen Feuers der Vesta, das niemals erlöschen durfte. In ihren Darstellungen findet sich häufig ein rundes Gefäß, das sie in den Händen halten. Allerdings passt die Symbolik der heiligen Herdflamme, die zum Vesta-Kult gehört, nicht zum Zweck der Feuerbestattung.

Mit einem Chiton und einer Tiara eindeutig antikisierend bekleidet, deutet die Gestalt noch am ehesten in ganz allgemeiner Weise auf eine Tempeldienerin hin, die rituelle Aufgaben zu erfüllen hat. Als Zeremonialgefäß für Weihrauch (Pyxis) interpretiert, würde auch die Schale dazu passen.

An dieser Figur zeigt sich die ganze ikonografische Not bei der Ausschmückung eines Bautyps ohne historische Vorbilder und das Problem einer Symbolik, die bewusst ambivalent sein sollte, weil eine weltliche Ausrichtung erwünscht und konfessionelle Neutralität angestrebt wurde. In der Umsetzung für den Bildhauer war dies aber höchst schwierig, da eine traditionell christliche Bildsprache vermieden werden sollte. Es mussten Würdeformeln gefunden werden, die nicht eindeutig christlich waren, von denen sich Christen aber angesprochen fühlen konnten, Symbole, die überkonfessionell waren und darüber hinaus von den Mitgliedern aller Religionen, welche die Feuerbestattung erlaubten, intuitiv verstanden werden konnten. So erklärt sich die bewusst vieldeutige Gestaltung zwischen Marienfigur, antiker Gottheit und Tempeldienerin.

Vieldeutig ist auch der Lorbeerzweig, der zu Füßen der Figur über dem Scheitelpunkt des Portalbogens angebracht ist. Während Lorbeer in der Antike für Triumph, Reinigung und Entsühnung stand, wurde er später, wie so viele der ursprünglich antiken Symbole, christlich umgedeutet. So wurde auch Maria als „himmlischer Lorbeer" gepriesen. Mit seinen immergrünen Blättern galt der Lorbeerbaum als Symbol für Ewigkeit und Unsterblichkeit, das der Macht des Todes gegenüberstand.

DIE GREIFE

Am Eingangsportal zwischen den Eckbauten, die später von Hermann Jansen ausgeführt wurden, „bewachen" zwei steinerne Greife den Zugang zum Innenhof [Abb. 31]. Die mythischen Fabel- und Mischwesen (aus Adler und Löwe) wurden in der Antike oft als Grabwächterfiguren eingesetzt, und man findet sie häufig auf römischen Sarkophagen. Auch für eine christologische Deutung

Abb. 32: Figurenschmuck der Eckbauten

Abb. 33: Medaillon im schmiedeeisernen Eingangsgitter von Julius Schramm

bot sich der Greif an, als Herrscher über Himmel und Erde wurde er nach der Christianisierung Europas zu einem Christussymbol umgedeutet.[76] Betrachtet man daneben die Stirnseiten der Eckbauten, sieht man weitere Figuren [Abb. 32], die der Bildhauer dem Figurenfundus der klassischen Sarkophage entlieh. Neben Phönix-, Adler-, Löwen- und Schlangendarstellungen finden sich hier auch antikisiert gestaltete Trauernde und Kranzträger.

Das von den beiden Greifen flankierte schmiedeeiserne Gittertor hingegen wartet mit einer Symbolik auf, die sich auch dem klassisch-humanistisch nicht vorgebildeten Betrachter auf den ersten Blick erschließt. Es wurde von Julius Schramm gestaltet, einem viel beschäftigten Kunstschmied, der vorwiegend in Berlin und Potsdam gearbeitet hat. Die welkende Pflanze im Medaillon des Gitters verweist als universelles weltliches Symbol eindeutig auf Trauer, Tod und das Vergehen allen Lebens [Abb. 33].

BILDHAUER

Anders als bei dem schmiedeeisernen Gittertor ist die Autorschaft des übrigen Bauschmucks nicht gesichert. William Müller hat im Laufe seines Lebens mit verschiedenen Bildhauern zusammengearbeitet, u. a. mit Richard Guhr und Franz Metzner, die er seit der gemeinsamen Gründung der Neuen Gruppe Berlin gut kannte. Aus stilkritischer Hinsicht kann Franz Metzner mit seinem kantigen Symbolismus wohl ausgeschlossen werden. Richard Guhr, den Müller bereits seit der gemeinsamen Ausbildung am Kunstgewerbemuseum Berlin kannte, wäre mit seinem weichen Stil wesentlich naheliegender, zumal er bekannt dafür war, sich bei Vorlagen aus klassischen oder germanischen Mythen zu bedienen. Dafür spricht zudem, dass er zur Bauzeit des Krematoriums einige Aufträge in Berlin auszuführen hatte. Guhr war außerdem bekannt dafür, dass seine Formensprache nicht leicht zu entschlüsseln war, auch das würde für ihn sprechen, betrachtet man die im Detail äußerst rätselhaften Tier-Objekt-Kombinationen an der Stirnseite der Eckbauten.

Ein ebenso wahrscheinlicher Kandidat ist der Bildhauer Richard Kühn. Er hatte, wie Richard Guhr, einen weichen Stil und war im Berlin jener Zeit viel beschäftigt.[77] Für Kühn spricht außerdem, dass er den gesamten Bauschmuck der von William Müller erbauten Villa Troplowitz [Abb. 18] in Hamburg entworfen hatte, die in der Planungs- und Entwurfsphase des Krematoriums Berlin-Wedding fertiggestellt wurde.[78] Kühn war auch für viele andere Messel-Schüler tätig, unter anderem für die Architekten Gustav Hart und Alfred Lesser.[79] Wenn man sich im erweiterten Umfeld des Architekten umschaut, kämen theoretisch auch noch jene Bildhauer in Betracht, die in der Bildhauerwerkstatt des Stadtbaurates Ludwig Hoffmann beschäftigt waren, einige von ihnen waren auch für Müllers Lehrer Alfred Messel tätig.[80] Allein aus stilistischen Gründen scheiden die meisten von ihnen aus, und anders als bei Guhr und Kühn lassen sich auch keine direkten Verbindungen zu William Müller nachweisen.[81]

DER TERRAZZOBODEN DER KUPPELHALLE

Von allen baukünstlerischen Elementen ist der Terrazzoboden von William Müller in der Kuppelhalle das mit Abstand modernste und kühnste Element der Gestaltung [**Abb. 34**]. Er ist dem geometrischen Jugendstil zuzuordnen, in seiner Abstraktion weist er jedoch bereits auf die Stilmittel des Art Deco voraus. Zudem findet sich hier das einzige Symbol, das einen direkten Bezug zur modernen Feuerbestattung hat, was sich von dem sonstigen Bauschmuck nicht behaupten lässt, der jeweils nur auf Tod, Trauer, Grab oder Feuer verweist.

Bei der geometrischen Ornamentik des schwarz-weißen Fußbodens spielt William Müller geschickt mit der Rahmenform des Oktogons, das er für seine Ornamentik aufbricht und auf seine Grundform zurückführt. Verbindet man alle Ecken des Oktogons miteinander – und genau dies hat William Müller getan –, so erhält man acht Dreiecke. Das Dreieck ist die nicht weiter reduzierbare Grundform des Oktogons, und aus dieser baut Müller die gesamte Ornamentik seines Bodens auf, dessen Formen aus Dreiecken und ihrer Vervielfältigung bestehen: Quadrate (zwei Dreiecke) und Trapeze (drei Dreiecke). Die ganze Ornamentik folgt dieser Binnenlogik. Und das, was aussieht wie ein rätselhafter Strichcode, ist in Wirklichkeit ein Spiel mit den Zahlen Drei (Dreieck) und Vier (Quadrat oder Trapez). Es handelt sich dabei also um die numerische Entsprechung zu den geometrischen Formen, die den Boden gliedern und im Oktogon enthalten sind.

So einfach das Dreieck als Grundform ist, so vielschichtig ist seine Symbolik: Hier ist es jedoch vor allem eins, das „Zeichen des Feuers und der aufklärenden Wissenschaft". In dieser Eigenschaft kommt es einem Symbol für die moderne Feuerbestattung wohl am nächsten – als Errungenschaft von Aufklärung, Naturwissenschaft und Technik. Als „Auge der Vorsehung" verweist

Abb. 34: Terrazzoboden von William Müller   **Abb. 35:** Detail aus dem Terrazzoboden: die Schlange   63

das Dreieck zugleich auf die Freidenker. Für sie, wie auch für die Freimaurer, war es ein Symbol, das die sich stets enthüllende Wahrheit verkörpert. Die Freidenker fühlten sich Aufklärung und Wissenschaft verpflichtet, lehnten jeden religiösen Glauben und alle kirchlichen Dogmen ab und bekannten sich eindeutig zur Feuerbestattung. Als Gruppierung standen sie damit stellvertretend für den Prozess der Säkularisierung und den sozialen Bedeutungsverlust der Religion, im Zuge dessen die Feuerbestattung im 19. Jahrhundert ihren Wiederaufstieg erlebte. Gleichwohl eignet sich auch das Dreieck, wie der Figurenschmuck, als Symbol für eine christliche Lesart. Die Drei gilt im Christentum als göttliche Zahl und verweist auf die heilige Dreifaltigkeit aus Vater, Sohn und Heiligem Geist.

DIE SCHLANGE

Nur an einer Stelle wird die Abstraktion durchbrochen. Als einziges figürliches Element ziert eine Schlange den Boden im Eingangsbereich der Halle [Abb. 35]. Sie ist damit das einzige schmückende Element des gesamten Krematoriums, das eindeutig konträr zur christlichen Symbolik steht. Im Christentum ist die Schlange das Symbol für den Sündenfall, hier aber, in der Urnen- und Trauerhalle eines Krematoriums, steht sie zeichenhaft für Transformation und Neubeginn (Häutung). Es besteht aber auch ein unterschwelliger Bezug zur Frauenfigur am Eingangsportal, denn in manchen Darstellungen war die Schlange auch das Attribut von Hekate, der griechischen Göttin der Magie und Totenbeschwörung.

DAS KREMATORIUM IN DESSAU

Bei seinem fast zeitgleich entstandenen Krematorium in Dessau entschied sich William Müller ebenfalls für einen Bau auf oktogonalem Grundriss [Abb. 36, 37]. In Dessau aber entstand ein schlankerer Zentralbau ohne niedrigere Anbauten, aber mit seitlichen Säulenkolonnaden zur Urnenunterbringung. Stilistisch steht dieser Bau eher dem Jugendstil nahe, abgesehen von dem schwerfälligen Kuppeldach, das an das Berliner Gebäude erinnert.[82]

William Müller ist damit der einzige Architekt, der in der Frühphase des modernen Krematoriumbaus gleich zwei Krematorien entwarf, und diese auch noch annähernd zeitgleich. Damit wurde er zu einem frühen Experten dieser ebenso revolutionären wie seltenen Bauaufgabe. Vergleichbar ist dem nur das Beispiel des heute wesentlich bekannteren Architekten Fritz Schumacher, der ebenfalls zwei Krematorien entwarf – das stilbildende Krematorium in Dresden, das 1911 eröffnet wurde [Abb. 38], und das Krematorium in Hamburg-Ohlsdorf (1930–1932), mit dem Schumacher zum Schaffensende noch einmal zu dieser Bauaufgabe zurückkehrte [Abb. 39].

Abb. 36: Das Krematorium Dessau, 1910

Abb. 37: William Müller (1. Reihe, Mitte, auf der zweiten Stufe stehend)
bei der Einweihung des Krematoriums Dessau am 18. Mai 1910

Abb. 38: Krematorium Dresden.
Architekt: Fritz Schumacher, 1911

Abb. 39: Modell des Krematoriums Hamburg-Ohlsdorf, 1931,
Architekt: Fritz Schumacher

In Müllers Fall handelte es sich zudem auch um eine logistische Meisterleistung, denn in Dessau war William Müller auch mit der Bauausführung betraut, während ihn in Berlin der ausführende Architekt Rudolph Schröder entlastete. Im April 1909 reiste Müller nach Dessau zur Grundsteinlegung, einen Monat später war er bei der Grundsteinlegung in Berlin zugegen. Am 18. Mai 1910 wurde das Krematorium in Dessau eröffnet, und nur wenige Monate später folgte die Eröffnung der Berliner Urnenhalle.

EINWEIHUNG DER URNENHALLE BERLIN-WEDDING

Am 25. September 1910 wurde die Urnenhalle in Berlin-Wedding feierlich eingeweiht. Der dichte Baumbestand des alten Friedhofs verhinderte, dass die Besucher das Gebäude von der Gerichtstraße sehen konnten. Nachdem sie den Haupteingang neben der alten Leichenhalle des Friedhofs betreten hatten, mussten sie erst die Lindenallee abschreiten und sich dann nach rechts wenden, um zu jenem Teil der Anlage zu gelangen, der dem Verein von der Stadt überlassen worden war. Nach wenigen Schritten betraten sie dann eine Lichtung, die den Blick auf den imposanten Bau freigab. Zur linken Seite hin trennten eine Böschung und ein Drahtgitter die Anlage vom stillgelegten Friedhof. Nach rechts, zur Adolfstraße hin, war das Gelände von einer Mauer umgrenzt, deren Strebepfeiler von Urnennachbildungen bekrönt wurden. Der Urnenhain vor der Halle und dem Vorplatz, der über eine Treppe zu erreichen war, war zu dieser Zeit erst angedeutet durch ein paar Wege und einzelne Ruheplätze. Auch die schmückende Frauenfigur über dem Portal aus Eichenholz war erst in Umrissen sichtbar, während links und rechts darüber zwei kleine Flammenschalen die Bestimmung des Gebäudes andeuteten. Das Innere der Halle war mit elektrischem Licht und einer Zentralheizung auf den neuesten Stand gebracht worden. Eine Orgel, die der Industrielle Martin Duisberg gestiftet hatte, war ebenfalls rechtzeitig eingebaut worden und füllte den Kuppelsaal zur Eröffnung mit ihrem Klang.

Die Feier musste ohne auch nur einen der geladenen Regierungsvertreter auskommen, die der Einweihung allesamt fernblieben und „verhindert" waren, wie die Fachpresse spitzzüngig vermerkte. Zu heikel war die Sache der Feuerbestattung, die bloße Anwesenheit bei der Versammlung wäre als Zustimmung zu der in Preußen noch nicht zugelassenen Bestattungsart aufgefasst worden. Die Stadt Berlin war durch einige Stadträte und Bezirksbürgermeister vertreten. Zahlreich erschienen waren die Vertreter der Vereine für Feuerbestattung aus allen Städten des Kaiserreiches. Aus Hamburg war der Vorsitzende des Verbandes der Feuerbestattungsvereine deutscher Sprache gekommen, Dr. Brackenhoeft. Ebenfalls unter den Gästen war der ehemalige Siemens-Ingenieur Richard Schneider, der Max Pauly bei der Planung des Krematoriums beratend zur Seite gestanden hatte. Schneider war Ehrenmitglied des Berliner Vereins für Feuerbestattung und Namensgeber des von ihm weiterentwickelten Regenerativofensystems, das auch in Berlin zum Einsatz kommen sollte.[83] Die Festredner priesen die Vorzüge der Feuerbestattung

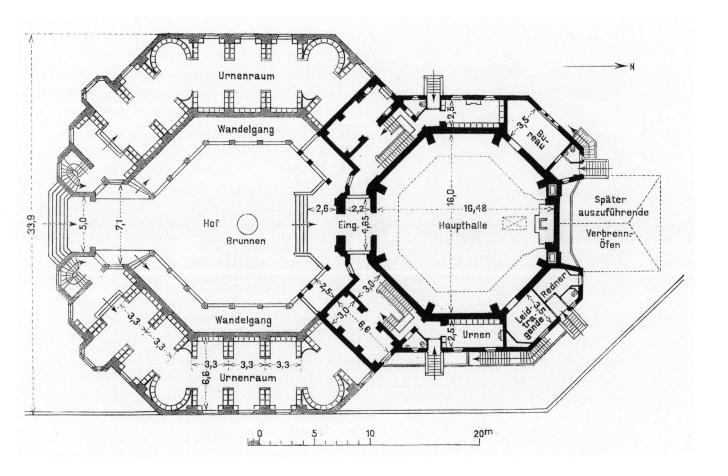

Labels in figure:
Urnenraum
Wandelgang
2,5
Bu-reau
33,9
5,0
7,1
2,6
2,2
Eing.
4,65
16,0
16,48
Haupthalle
Später auszuführende
Verbrenn-Öfen
Hof
Brunnen
3,3
3,3
3,3
3,0
2,5
6,6
3,0
Wandelgang
2,5
Urnen
Redner
Leidtragende
3,5
3,3
3,3
3,3
Urnenraum
6,6
0   5   10   20m   N

und betonten angesichts der zentralen Lage der Urnenhalle in der Stadt ihren raumsparenden Aspekt. Fast alle gaben ihrer Hoffnung Ausdruck, dass die Feuerbestattung bald auch in Preußen genehmigt werden möge.[84]

Knapp ein Jahr später war es dann endlich soweit: 1911 wurde das Gesetz für Feuerbestattung verabschiedet, mit einer sehr knappen Mehrheit von zwei Stimmen im Abgeordnetenhaus und einer Stimme im Herrenhaus. Damit war Preußen fast das Schlusslicht im deutschen Reich. Nur das katholisch geprägte Bayern gestattete die Feuerbestattung noch später, dort wurde sie erst 1913 gesetzlich erlaubt. Nun war der Weg frei für den Umbau der Urnenhalle in ein Krematorium **[Abb. 40, 41, 42]**. Max Pauly, der bei der Abstimmung im Abgeordnetenhaus dabei war, nutzte die Gunst der Stunde und suchte sofort danach Stadtrat Rast auf, den Dezernenten des Bestattungs-wesens, um das weitere Vorgehen zu besprechen und die mündliche Zustimmung zum sofortigen Umbau der Urnenhalle in ein Krematorium einzuholen.[85]

Abb. 40: Grundriss Erdgeschoss, Hauptbau und Seitenflügel, 1911

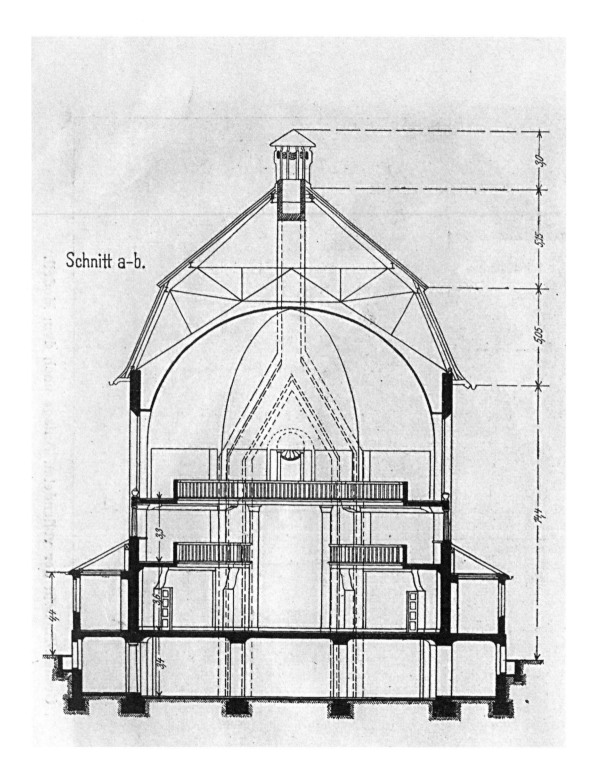

Schnitt a-b.

Abb. 41: Querschnitt der Urnenhalle, 1911

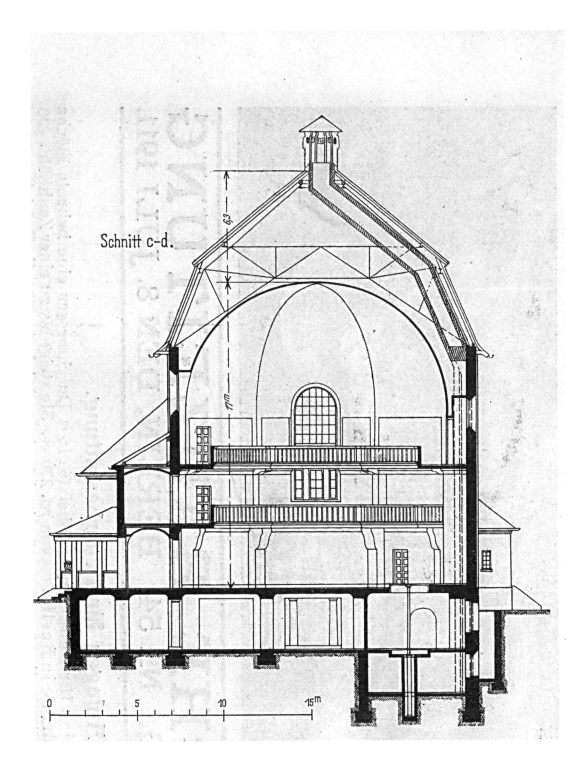

Schnitt c–d.

Abb. 42: Längsschnitt der Urnenhalle, 1911

Das erste Krematorium Berlins (1912–1932)

EINWEIHUNG

Das Gesetz, das im Nachhinein wegen der vielen bürokratischen Hindernisse von den Krematisten als Gesetz *gegen* die Feuerbestattung bezeichnet wurde, erlaubte es nur kommunalen und kirchlichen Einrichtungen, Krematorien zu betreiben. Damit stand fest, dass die Urnenhalle nach ihrem Umbau in ein Krematorium in den Besitz der Stadt Berlin übergehen würde. Vertraglich festgelegt wurde, dass der Verein die Öfen einbauen und alle Umbauten übernehmen würde, „um der Stadt das Krematorium als mustergültiges Ganzes betriebsfertig zu übergeben".[86] Um diesen Prozess voranzutreiben und keine weitere Zeit zu verlieren, erklärte sich der Verein für Feuerbestattung bereit, das Krematorium für die Inbetriebnahme vorzubereiten. Die Stadt übernahm die Baukosten des Vereins von 350.000 Mark, abzüglich der 150.000 für bereits vermietete Urnenplätze. Der Verkaufspreis wurde mit 200.000 Mark festgelegt.[87]

Der Einbau zweier Verbrennungsöfen nach dem „System Richard Schneider", einer Weiterentwicklung des Siemenschen Regenerativofensystems [Abb. 5], begann im November 1911 und war im Oktober 1912 abgeschlossen. In dieser Zeit wurden auch die Versenkungsanlage für Särge, ein Sezierraum samt Ärztezimmer und andere Diensträume eingerichtet. Anfang November 1912 begann man, die beiden Öfen zwecks Austrocknung dauerhaft schwach zu beheizen, und bald darauf fanden die ersten Probeverbrennungen statt. Hierfür benutzte man keine Tierkadaver, wie bei den zuvor in Deutschland in Betrieb genommenen Krematorien, sondern aus den Anatomiesälen der Universität stammende Leichenteile, die in den Vorjahren im städtischen Ofen in der Diestelmeyerstraße verbrannt worden waren.[88]

Der Einweihungstag am Totensonntag rückte näher, und da die Nachfrage die Raumkapazität der Feierhalle bei weitem überstieg, lud der Verein als eine Art „Vorfeier" per Säulenanschlag und Tageszeitung zu fünf Vorträgen über verschiedene Aspekte der Feuerbestattung ein, die am Buß- und Bettag in allen Stadtteilen bei freiem Eintritt stattfinden sollten. Man wollte nicht nur die wenigen geladenen Gäste an „Stolz und Freude über das Errungene"[89] teilhaben lassen. Trotz strömenden Regens war der Publikumsandrang überall groß, viele Zuschauer mussten abgewiesen werden, weil die Säle überfüllt waren. Unter den Rednern befand sich auch der Bürovorsteher des Vereins, Max Pauly, der in der Aula der Margaretenschule in der Ifflandstraße über „Zweck und Wesen der Feuerbestattung" sprach.[90]

Am Totensonntag des Jahres 1912 war die Stunde gekommen, auf die der Verein für Feuerbestattung so lange hingearbeitet hatte. In Gegenwart von mehr als 700 geladenen Gästen fand am 24. November um 13 Uhr die feierliche Einweihung des ersten Krematoriums von Berlin statt. Die Eintrittskarten waren bereits lange vorher verkauft, und die Nachfrage war so groß, dass der Verein für Feuerbestattung getrost die doppelte Anzahl von Karten hätte anbieten können. Am Tag selbst war der Andrang so stark, dass es am Eingang zu Rangeleien kam und die Sicherheitsleute alle Hände voll zu tun hatten, um die vielen Menschen zurückzuhalten, die sich gewaltsam Eintritt verschaffen wollten. Lange vor Beginn der Feier, die pünktlich um 13 Uhr begann, waren Halle und Emporen dicht gefüllt. Die Plätze in den vorderen Stuhlreihen, die für die Ehrengäste reserviert waren, reichten für die geladenen Vertreter der Regierungsbehörden der Stadt und des Landes nicht aus. Diesmal waren sie, anders als bei der Einweihung der Urnenhalle, ungewöhnlich zahlreich erschienen – auch wenn es an diesem Tag insbesondere aus den Reihen der Kirche und der königlichen Behörden wieder einige Amtsträger gab, die „verhindert" waren. Zur großen Freude des Vereins war auch der Berliner Oberbürgermeister Adolf Wermuth (parteilos) höchstpersönlich erschienen, obwohl vorher nur seine Vertretung aus dem Magistrat angekündigt war. Auch der spätere Weddinger Bürgermeister Karl Leid (SPD) war gekommen, um der feierlichen Übergabe des Krematoriums an die Stadt Berlin beizuwohnen. Zahlreiche Stadtverordnete und Mitglieder des Magistrats waren da, auch das Innenministerium und das Polizeipräsidium hatten Vertreter entsandt.

Der erste Teil der Feier war dem Totengedenken gewidmet und wurde durch das Orgelspiel des Hof- und Domorganisten Bernhard Irrgang feierlich eingeleitet. Zu den Klängen aus der Bachschen Matthäuspassion gedachte die Versammlung der Toten. Anschließend brachte eine Sängerin eine Kantate aus dem Paulus-Oratorium von Felix Mendelssohn-Bartholdy zu Gehör. Mit einer Rede des Vorsitzenden des Berliner Vereins für Feuerbestattung, dem Mediziner Dr. Philipp Herzberg (Geh. San. Rat), begann der offizielle Teil der Veranstaltung – die Übergabe des Krematoriums an die Stadt Berlin. Herzberg schilderte das zähe Ringen des Vereins um die Errichtung der Urnenhalle. In seine ausführlichen Dankesworte schloss der Leiter des Vereins für Feuerbestattung auch den abwesenden Architekten William Müller ein. Dieser war zu diesem Zeitpunkt bereits so schwer erkrankt, dass er nicht mehr in der Lage war, der Einweihung seines letzten Bauwerks beizuwohnen.[91] Den Abschluss der Feierlichkeiten bildete die Übergabe des Schlüssels an Oberbürgermeister Adolf Wermuth, der diesen an den Dezernenten für das Bestattungswesen, Stadtrat Rast, weiterreichte. Es folgte ein Rundgang durch die neuen Räumlichkeiten unter der Führung von Max Pauly, der die Entstehung des Krematoriums so maßgeblich vorangetrieben hatte.[92]

INBETRIEBNAHME – DIE ERSTE EINÄSCHERUNG

Die Eröffnung des ersten Berliner Krematoriums erregte großes öffentliches Interesse. Zahlreiche Berliner Tageszeitungen berichteten von den Feierlichkeiten. Berlin sei nun auch auf diesem Gebiet „unter die hochkultivierten Städte getreten", schrieb etwa der „Berliner Lokal-Anzeiger".[93] Nach erfolgreichen Probeverbrennungen, bei denen sich die Anlage als „mustergültig" erwiesen habe, wie Herzberg in seiner Eröffnungsrede befand, erfolgte am Nachmittag des 28. November die erste Einäscherung, und auch dies war ein Ereignis, über das die Hauptstadtpresse berichtete: „Es wurde die Leiche der 58jährigen Frau Arendt, geb. Kutnewsky, den Flammen übergeben, nachdem in der Kapelle des Friedhofes in der Schönhauser Allee eine Trauerfeier abgehalten war."[94] Laut Sterberegister gehörte sie dem jüdischen Glauben an.[95]

Das Krematorium beanspruchte, konfessionell neutral zu sein. Sowohl Geistliche aller Glaubensrichtungen als auch Laien konnten dort ihre Trauerfeiern abhalten. Die evangelische Landeskirche in Berlin stellte ihren Pfarren nach 1911 frei, ob sie an einer Trauerfeier in einem Krematorium mitwirken wollten. Der Beisetzung von Aschenresten in einer Urne beizuwohnen, war den Geistlichen aber nicht gestattet, da der Anschein vermieden werden sollte, die evangelische Kirche *fördere* die Feuerbestattung. Den Geistlichen wurde ebenfalls eingeschärft, bei den Feiern auf alle Formeln zu verzichten, die der Erdbestattung des unversehrten Leichnams vorbehalten seien.[96] Die jüdische Gemeinde erlaubte ihren Geistlichen ebenfalls die Mitwirkung an einer Trauerfeier im Rahmen einer Feuerbestattung, orthodoxe Geistliche lehnten die Feuerbestattung aber weiterhin ab. Die katholische Kirche blieb auch nach 1911 ihrem Kurs treu und hielt an ihrem Verbot (1886) jeglicher Beteiligung eines ihrer Geistlichen an einer Feuerbestattung fest. Die katholische Kirche war es auch, die kurz nach der Eröffnung Einspruch gegen den Betrieb des Krematoriums einlegte. Die nahe gelegenen Gemeinden St. Joseph, St. Peter und St. Sebastian schlossen sich zu diesem Zweck zusammen, ihr Einspruch wurde aber abgewiesen.[97]

Die selbstbewussten Worte der Vereinsvorsitzenden Philipp Herzberg zum Betrieb des Krematoriums im Wedding erwiesen sich als etwas vorschnell. Herzberg hatte in seiner Eröffnungsrede betont, man habe deshalb so hartnäckig an der zentralen Errichtungsstelle auf einem mitten *in der Stadt* gelegenen Friedhof festgehalten, damit „der ganzen Welt der Beweis geliefert werden könne, dass die Feuerbestattung so völlig unschädlich ist, dass sie inmitten eines dicht bevölkerten Stadtteils ausgeübt werden kann".[98]

Dieser Überzeugung musste schon bald nach der Inbetriebnahme widersprochen werden, denn es häuften sich die Beschwerden aus der Nachbarschaft, die über die Belästigung durch Rauch, Ruß und Gestank klagte. Im Jahr 1913 schlossen sich 15 Hauseigentümer der angrenzenden Straßen zusammen und reichten die Sammelklage „Krause und Genossen" gegen den Betrieb des Krematoriums bei der Stadt Berlin ein. Die Eigentümer sahen ihren Grundbesitz durch die Nachbarschaft zum Krematorium stark entwertet, viele Mieter würden ausziehen. In der Klageschrift schilderten die Kläger, dass sich der Ruß „in dicken Flocken auf die Fensterbretter und Fenster" lege, der Rauch in die Wohnungen eindringe und die Balkons nicht betreten werden könnten.[99] Die Klage wurde noch 1913 abgewiesen, das Gericht verwies auf die Fabriken in unmittelbarer Nachbarschaft als Hauptursache der Belästigung.

Gleichwohl wies die Stadt die Verantwortlichen an, den Schornstein des Krematoriums zu ersetzen. William Müller hatte den Schornstein in der Verschalung der Kuppel untergebracht. Als „Rauchauslass" fungierte die zierliche Laterne, welche die 17 Meter hohe Kuppel bekrönte [Abb. 43]. Die Integration des Schornsteins und der Verbrennungstechnik in das Baukonzept stellte ein Grundproblem der Feuerbestattungsarchitektur dar. Zu Beginn, in den „Gründerjahren" des neuen Bautyps, setzte man alles daran, den Schornstein und alle technischen oder industriellen Aspekte der Feuerbestattung, soweit es ging, zu kaschieren. Auch William Müller hatte den

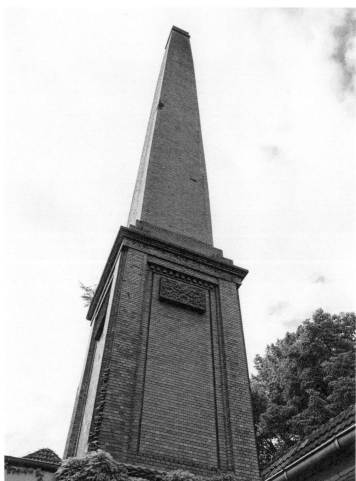

Abb. 43: Laterne über der Kuppel,
Rauchauslass 1912–1914

Abb. 44: Schornstein, 1913/14,
Architekt: Hermann Jansen

Berlin N. Gerichtsstraße.
„Erwin, mach's Fenster zu, meine Arbeit
wird rußig!" —
„Ach Mutta, det riecht heite wieder
mächtig fein nach den fettigen Rooch
von's Krematorium."

Abb. 45: Heinrich Zille, Berlin N, Gerichtsstraße –
Zwanglose Geschichten und Bilder, Berlin, 1919

Schornstein gut verborgen, indem er ihn in der Laterne der Urnenhalle unterbrachte, die von außen wie ein normales Schmuckelement aussah.

Die niedrige Höhe des Rauchauslasses verstärkte die Rauchbelästigung in den umliegenden Mietskasernen, und so begann man, als Folge der dauernden Beschwerden, im November 1913 mit der Errichtung eines 50 Meter hohen Schornsteins, der separat vom Hauptgebäude zur Plantagenstraße hin errichtet wurde. Am 28. November 1913 vermeldete das „Börsenblatt": „Das städtische Krematorium in der Gerichtstraße erhält jetzt einen neuen 50 Meter hohen Schornstein in Gestalt eines Obelisken nach dem Vorbilde des Obelisken, der an der Piazza del Popolo zu Rom steht. Der Schornstein wird oben noch eine 5 Meter hohe Eisenspitze erhalten, die mit einem Stern versehen ist." Im Jahr 1914 wurde der Schornstein vollendet, wenn auch ohne die angekündigte Eisenspitze [Abb. 44]. Der Entwurf stammte von Hermann Jansen, wie alle Erweiterungsbauten dieser Zeit.[100]

Die Beschwerden von Anwohnern über die Rauchbelästigung begleiteten die Geschichte des Krematoriums jedoch weiterhin. Sie wurden Teil der Folklore im Wedding und als solche vom Chronisten des Berliner Volkslebens, Heinrich Zille, im Jahr 1919 verewigt. Eine Lithografie von 1919 aus den „Zwanglosen Geschichten und Bildern" zeigt eine Weddinger „Heimarbeiterin" bei geöffnetem Fenster in einer typischen Berliner Mietswohnung. Ihr Sohn sitzt auf dem Fensterbrett und bemerkt: „Ach Mutta, det riecht heite wieder mächtig fein nach den fettigen Rooch von's Krematorium" [Abb. 45].

DIE ANBAUTEN VON HERMANN JANSEN

Bei diesen baulichen Erneuerungen blieb es nicht. Bereits 1913 reichte der Raum für die Beisetzung von Urnen nicht mehr aus. Als man die Vorberechnungen für den Betrieb des Krematoriums vornahm, ging der Verein für Feuerbestattung von durchschnittlich 250 bis 300 Einäscherungen im Jahr aus, das war die Berechnungsgrundlage für den Betrieb mit zwei Verbrennungsöfen. 1913 lag die Zahl bereits bei 852 Verbrennungen, und 1914 wurden 1107 Einäscherungen durchgeführt. Sowohl für den technischen Betrieb als auch für die Aschenbeisetzung mussten neue Räume geschaffen werden, sodass mit der dritten Bauphase, der Errichtung der südlichen Seitenflügel und Kolumbarien, begonnen werden musste. Diese letzte Bauphase des Krematoriums erlebte William Müller nicht mehr. Er verstarb am 13. Februar des Jahres 1913

Abb. 46: Hermann Jansen (1869–1945)

in einem Sanatorium in Braunlage nach schwerer Krankheit und wurde kurz darauf in „seinem" Krematorium eingeäschert.[101]

Sein Büropartner Hermann Jansen [Abb. 46] übernahm es 1914, die von Müller projektierten Seitenflügel zu vollenden. Ausführender Architekt war erneut Rudolph Schröder. Die zweistöckigen Flügelbauten zur Aufnahme von insgesamt 3000 Urnen waren um einen achteckig angelegten Innenhof angeordnet und über Eingänge an den vorderen Eckbauten zugänglich. Dieser barock wirkende Ausbau des Krematoriums mit seinen zangenförmigen Anbauten verrät einen Baugedanken, der in der Nachfolge Gian Lorenzo Berninis steht. Dieser hatte mit seinen zangenförmig angelegten Kolonnaden am Petersplatz (1656-1667) eine „Aufnahme" der katholischen Gläubigen durch die „mütterlich ausgebreiteten Arme" der Kirche im Sinn. In ähnlicher Weise war hier ein Umfangen der Trauergemeinde Teil des Konzepts.

Zeitgleich zum Bau der südlichen Flügelbauten errichtete Hermann Jansen nach seinen eigenen Entwürfen auch im Norden weitere Anbauten, die den südlichen Flügeln Müllers angeglichen wurden und vornehmlich dem technischen Betrieb dienten [Abb. 47]. Dieser nördliche Teil der Anlage, in den auch der nun fertiggestellte Schornstein integriert wurde, war der sogenannte Wirtschaftshof. Er enthielt Räume für Hinterbliebene sowie Funktionsräume für die Verwaltung und den Betrieb des immer stärker ausgelasteten Krematoriums. Parallel dazu wurde auch der Umbau der alten Leichenhalle und Friedhofskapelle an der Gerichtstraße zum sogenannten „Inspektorenhaus" vollendet, das die Wohnung des Krematoriumsleiters und Verwaltungsräume enthielt [Abb. 48].

Am 31. Dezember 1915 konnte Hermann Jansen alle Erweiterungsbauten zur Benutzung übergeben.[102] Als der Verein für Feuerbestattung die neuen Anlagen im Frühjahr 1916 besichtigte, waren die Mitglieder insbesondere von dem funktionalen Hinterhof und der Neugestaltung des Ofenraums begeistert, während die Kolumbarien in den Seitenflügeln als düster und beengt kritisiert wurden. Zugleich lobte man den für Angehörige eingerichteten Warteraum und das Fassungsvermögen der neuen Hallen, die zusätzliche 3000 Urnen aufnehmen konnten.[103]

Die Anlage war nun vollendet und so ausgeführt, wie William Müller sie ursprünglich geplant hatte, zuzüglich der rückwärtigen Anbauten von Hermann Jansen. Nun wurde offenbar, dass das gesamte Gebäude ein Zeugnis der sogenannten Reformarchitektur war, die mit ihrer symmetrischen Anlage, der reduzierten Formensprache, den plastischen Baukörpern und dem zurückgenommenen Bauschmuck zwischen Historismus und Moderne vermittelte.

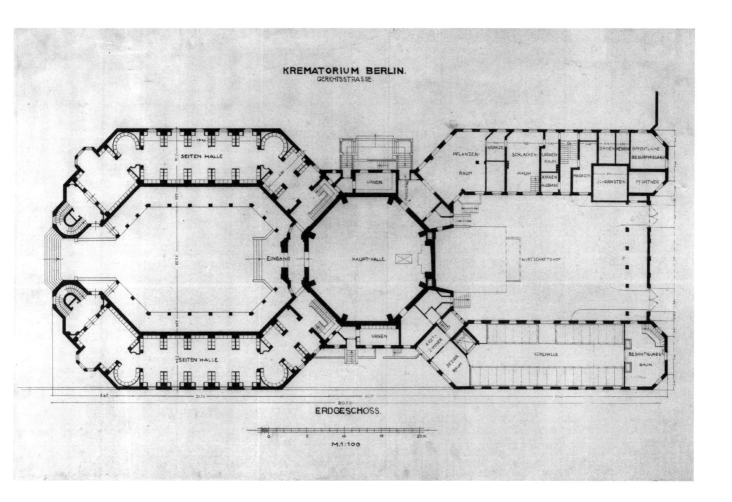

KREMATORIUM BERLIN.
GERICHTSSTRASSE

SEITEN HALLE

PFLANZEN-RAUM

KRANZE

SCHLACKEN-RAUM

URNEN-RAUM

ASCHEN-AUSGABE

MAGAZIN

DAMEN HERREN

ÖFFENTLICHE BEDÜRFNISANST.

SCHORNSTEIN

PFÖRTNER

URNEN.

EINGANG

HAUPT-HALLE

WIRTSCHAFTSHOF

URNEN

ARZT ZIMMER

SEZIER RAUM

KÜHLHALLE

BESICHTIGUNGS RAUM

2.SEITEN HALLE

ERDGESCHOSS.

M.1:100

Abb. 47: Erweiterungsbauten von Hermann Jansen,
Grundriss Erdgeschoss, 1914/15

Abb. 48: Eingang zum Friedhof und
Inspektorenhaus, 1914

BETRIEB UND EINÄSCHERUNGEN 1912–1918

In den Anfangsjahren des Betriebs gab es nur vier Angestellte im Krematorium an der Gericht-straße: einen Inspektor, einen Aufseher und zwei Heizer, welche die beiden Öfen in einer Schicht beheizten. Über ein Zentner Koks war zur Verbrennung eines Leichnams nötig, und die Öfen mussten nach jeder Benutzung entschlackt werden. Jeder Arbeitstag der Heizer begann mit dem umständlichen Anheizen der Öfen, das sich bis zu vier Stunden hinzog, und er endete mit der gründlichen Entschlackung der beiden Öfen. Es war körperliche Schwerstarbeit, die laut Aussa-gen des damaligen Inspektors Reimann „schmutzig und ungesund" war.[104]

Die erste Person, deren Leichnam an der Gerichtstraße eingeäschert wurde, war Johanna Arendt aus Schöneberg, die dem jüdischen Glauben angehörte. Unter den insgesamt 66 Verstorbenen, die im November und Dezember des ersten Betriebsjahres 1912 eingeäschert wurden, befanden sich weitere neun Personen jüdischen Glaubens, darunter auch Mitglieder der angesehenen Familien Persius, Rothschild und Gerson.[105] 51 Personen waren evangelischer Konfession, und drei waren als „Dissidenten" eingetragen.[106] Als konfessionslos wurde der Königliche Baurat und Stadtverordnete Alexander Herzberg registriert. Auch ein Katholik befand sich unter den ersten Toten, die im Wedding eingeäschert wurden. Es handelte sich dabei um den Industriellen Martin Duisberg, der die Orgel des Krematoriums gestiftet hatte. Als erste „Dissidentin" wurde die am 20. Dezember 1912 verstorbene österreichische Schriftstellerin und Frauenrechtlerin Minna Kaut-sky [Abb. 49] am 23. Dezember im Krematorium Wedding eingeäschert, deren Werk stark von den Ideen des Sozialismus geprägt war. Über ihren Sohn Karl Kautsky, der ein führender Theoretiker des Marxismus wurde, machte sie die Bekanntschaft von Friedrich Engels, Karl Liebknecht und Rosa Luxemburg und veröffentlichte ihre Werke schon bald in verschiedenen Arbeiterzeitschrif-ten. Einer Zeitungsmeldung im „Vorwärts" zufolge legte die Arbeiterschaft „ihrer" Dichterin bei der Trauerfeier einen „vollen Lorbeerkranz" auf den Sarg.[107] Vier der im Jahr 1912 Eingeäscherten (ein Landwirt, zwei Rentner und ein Hutfabrikant) waren vermutlich Selbstmörder, da bei ihnen als Todesursache „Erhängen" oder „Erschießen" angegeben wurde.[108]

Neben einer im besten Fall gleichgültigen Haltung gegenüber kirchlichen Dogmen zeigte man mit der Entscheidung für die Feuerbestattung in dieser Zeit sein ebenso fortschrittliches wie urbanes Temperament. Und es war eine bewusste Entscheidung, denn das preußische Gesetz von 1911 zur Feuerbestattung legte fest, dass nur jene Personen eingeäschert werden konnten, die sich in ihrer „letztwilligen Verfügung", ihrem Testament, explizit dafür ausgesprochen hat-ten. Stand am Anfang der Feuerbestattungsbewegung im 19. Jahrhundert noch der Rückbezug auf die Antike und damit auf klassisch-humanistische Bildungswerte im Vordergrund, verschob sich nun der Schwerpunkt. Man zeigte sich mit der Entscheidung für die neue, weltliche Bestat-tungsform bestens informiert über die Errungenschaften der Naturwissenschaften und der Hygienebewegung. Mit der Feuerbestattung verband man nun eher ein Bekenntnis zu Individu-alität, Selbstbestimmung und zur Sachlichkeit einer städtischen, technisierten Moderne.

Obwohl die Einäscherungszahlen von Monat zu Monat stark zunahmen, blieb die Feuerbestattung zunächst, bis etwa 1918, eine Sache der privilegierten und gebildeten Schichten, des liberalen Großbürgertums und einer städtischen Bohème. Die meisten Personen, die sich in den Anfangsjahren nach 1912 im Krematorium Berlin-Wedding einäschern ließen, waren Beamte, Kaufleute, Industrielle, Bankiers, Intellektuelle oder etablierte Künstler. Zudem war die Feuerbestattung zu dieser Zeit keine kostengünstige Bestattungsart. Der technische Aufwand schlug sich anfangs in hohen Einäscherungskosten nieder, die eine eher wohlhabende Klientel voraussetzten.[109]

Mit James Nathan Hardy und Emil Georg Kaufmann [**Abb. 50**] entschieden sich im Jahr 1913 zwei angesehene Berliner Bankiers für die Feuerbestattung. Im Jahr 1914 waren es neben Kommerzienrat Rudolf Wertheim der gefragte Porträt- und Historienmaler Louis Kolitz, der heute als einer der Wegbereiter des deutschen Impressionismus gilt. Auch der Schauspieler und Präsident der Genossenschaft deutscher Bühnenangehöriger Hermann Nissen sowie der Schriftsteller Julius Freund, der den Stil des deutschen Revuetheaters prägte und „Hausdichter" des Berliner Metropoltheaters war, wählten die Feuerbestattung. Im folgenden Jahr 1915 wurden neben Gerhard Menning, dem Gründungsmitglied und Vorsitzenden der Volks-Feuerbestattung, auch Paul Meyerheim, ein Maler und Grafiker, der als Spezialist von Tierdarstellungen bekannt war, eingeäschert. Der Architekt Otto Raschdorff, ein Vertreter des Historismus, der für Teile der Innenausstattung des Berliner Doms verantwortlich zeichnete, befand sich ebenso unter den in diesem Jahr im Wedding Feuerbestatteten wie der Direktor des ältesten humanistischen Berliner

Abb. 49: Minna Kautsky (1837–1912) **Abb. 50:** Emil Georg Kaufmann (1857–1913) **Abb. 51:** Lesser Ury, Porträt Paul Schlenther (1854–1916), 1896

Gymnasiums (Zum Grauen Kloster) Ludwig Bellermann, dessen Totenfeier im „Deutschen Philologen-Blatt" beschrieben wurde: „Weit draußen in der Rundhalle des städtischen Krematoriums, wohin ein langer Zug dem Sarge das Geleit gegeben, fand die letzte Feier statt. Dem kurzen Chorgesange folgte ein herzliches Gebet des Geistlichen, das ‚Selig sind die Toten!' und während die Orgel mit dem wie aus einer anderen Welt herniedertönenden Abendmahlsspruch des Parsifal einsetzte, senkte sich der Sarg langsam – der Sohn des Lichtes war zum Licht eingegangen!"[110]

Im Jahr 1916 versammelte sich alles, was im Berliner Kulturbetrieb Rang und Namen hatte, um Paul Schlenther **[Abb. 51]** die letzte Ehre zu erweisen. Der Schriftsteller und Theaterkritiker der „Vossischen Zeitung" und des „Berliner Tageblatts" war Förderer von Gerhard Hauptmann und Hendrik Ibsen, Gründer des Theatervereins „Freie Bühne" und langjähriger Direktor des Wiener Burgtheaters. Gerhard Hauptmann hielt die Trauerrede in der Urnenhalle an der Gerichtstraße. Zu den bekannten Vertretern des Berliner Kulturlebens gehörte auch der Bildhauer und Medailleur Louis Tuaillon **[Abb. 52]**. Tuaillon, der heute als einer der Wegbreiter der Moderne in der Berliner Bildhauerschule gilt, war durch seine Bronzegruppe „Amazone zu Pferd" (1895) schlagartig bekannt geworden, die heute vor der Alten Nationalgalerie auf der Museumsinsel steht. Er starb, hochdekoriert, im Jahr 1919. Anlässlich seiner Trauerfeier kam es, wie bei Paul Schlenther, an der Gerichtstraße erneut zu einer großen Versammlung aus den Kreisen der Berliner Kulturschaffenden. Zu den Künstlern, die ihm hier das letzte Geleit gaben, zählten neben dem Bildhauer Georg Kolbe auch der Maler Max Liebermann.

Abb. 52: Louis Tuaillon (1862–1919)   **Abb. 53:** Lily Braun (1865–1916)   **Abb. 54:** Urne von Rudolph Schröder (1863–1918)

Der damalige Stararchitekt Bruno Schmitz, der laut Einäscherungsregister ein „Dissident" war und den Freimaurern angehörte, war nicht weniger prominent, zog aber eine Trauerfeier in aller Stille vor. Schmitz war einer der Lieblingsarchitekten von Kaiser Wilhelm II. und hatte wuchtige Nationaldenkmäler entworfen, das Völkerschlachtdenkmal in Leipzig etwa sowie das Kyffhäuser-denkmal in Thüringen. Der intimen Trauerfeier in der Gerichtstraße im Jahr 1916 folgte die Beisetzung der Urne im Kyffhäuserdenkmal, da Schmitz die von ihm testamentarisch verfügte Beisetzung seiner Asche im Rhein aus rechtlichen Gründen verwehrt blieb. Mit seiner Urne ver-bindet sich die Geschichte einer kuriosen Odyssee. Als das in der DDR als reaktionär verschriene Kyffhäuser-Monument „sozialistisch" umgestaltet werden sollte, wurde die Urne mit der Asche des Architekten kurzerhand in den Keller verfrachtet und die Sandsteinschatulle, in der diese untergebracht war, als Blumenvase genutzt. In den 1980er Jahren gelang es den Nachfahren von Schmitz, die Urne in ihren Besitz und in den Westen zu bringen, wo die Urne auf dem Nordfried-hof in Düsseldorf erneut beigesetzt wurde.[111]

Im selben Jahr wie Schmitz verstarb mit der sozialistischen Schriftstellerin und Frauenrechtlerin Lily Braun [Abb. 53] eine Vorkämpferin der Frauenbewegung, die sich, wie schon Minna Kautsky, ebenfalls für die Einäscherung entschied. Braun war ihrer Zeit weit voraus. Sie forderte nicht nur die Gleichstellung von Mann und Frau, sondern widmete sich in ihrem Werk „Die Frauenfrage" (1901) auch in detaillierter Weise Einzelfragen wie dem Mutterschutz, der Verbindung von Mut-terschaft und Erwerbstätigkeit und der Stellung der Frau im Sozialversicherungswesen. Auch Brauns Trauerfeier fand 1916 in aller Stille statt. Nur ihr Ehemann und der von der Kriegsfront beurlaubte gemeinsame Sohn waren bei der Zeremonie zugegen, anschließend wurde ihre Urne auf dem Waldfriedhof in Kleinmachnow beigesetzt.

Während der letzten Monate des Ersten Weltkriegs starb der ausführende Architekt des Krema-toriums Rudolph Schröder [Abb. 12]. Er wurde im Krematorium Berlin-Wedding eingeäschert. Der Sockel zu seiner Urne wurde um eine Gedenktafel für seinen Sohn ergänzt, der als Leutnant der Reserve wenige Jahre zuvor in Frankreich gefallen war [Abb. 54].[112]

FREIDENKER, ARBEITERBEWEGUNG, STERBEKASSEN

In den Jahren nach dem Ersten Weltkrieg nahm die Zahl der Einäscherungen rasch zu. An der schnellen Verbreitung der Feuerbestattung hatte nicht nur der gesellschaftliche Wandel vom Kai-serreich zur Weimarer Republik großen Anteil, der den Einfluss der Kirche weiter zurückdrängte. Auch die Feuerbestattungsvereine waren maßgeblich daran beteiligt. Sie gründeten Versicherun-gen, die gegen einen monatlichen Beitrag die Kosten für die Feuerbestattung zahlten und damit vielen Menschen die Sorge nahmen, nicht in würdiger Form bestattet zu werden.[113] Eine dieser Sterbekassen für die Feuerbestattung, die speziell die einkommensschwachen Schichten in den

Blick nahm, war die 1913 durch Arbeiter und Handwerker gegründete Kasse des Berliner Volks-Feuerbestattungsvereins Groß-Berlin. 1926 zählte dieser Verein bereits 600.000 Mitglieder.[114]

Eine andere Antriebskraft für die Verbreitung und zugleich für die Politisierung der Feuerbestattung war die Bewegung der Freidenker. Die Freidenker, die für eine selbstverantwortliche Lebensgestaltung im Sinne der Aufklärung eintraten, jeden religiösen Glauben und alle kirchlichen Dogmen ablehnten und sich für eine Trennung von Kirche und Staat einsetzten, sahen in der Feuerbestattung eine zwingende Alternative zur kirchlichen Bestattungskultur. Die Idee der Feuerbestattung hatte trotz jahrzehntelanger Debatten noch relativ wenig Verbreitung jenseits des Bildungsbürgertums gefunden. Die Mehrheit der Menschen aus den unteren Gesellschaftsschichten war noch nicht erreicht worden. Die Freidenker verfolgten das Ziel, „die Idee der Feuerbestattung, getragen von sozialistischen und antikirchlichen Erkenntnissen in die Massen des Proletariats hineinzutragen".[115] In diesem Geiste war in Berlin im Jahr 1905 durch zwölf Sozialdemokraten der Verein der Freidenker für Feuerbestattung (VFF) gegründet worden, der beides, Freidenkertum und Feuerbestattung, miteinander zu verbinden suchte. Wirklich an Einfluss gewann dieser aber erst in den 1920er Jahren.[116] Dass anlässlich der 50.000sten Einäscherung im Krematorium Berlin-Wedding neben einem Vertreter des Volksfeuerbestattungsvereins auch der Vorsitzende des Deutschen Freidenker-Verbandes Max Sievers sprach, war kein Zufall.[117] Sievers betonte in seiner Rede die Wichtigkeit, den kirchlichen und politischen Widerstand gegen die Feuerbestattung zu überwinden. Er deutete sie als Symptom von Umbruchsbewegungen, die alle Bereiche der Gesellschaft erfassten. Deshalb sah er sich als Freidenker als „Träger einer modernen, fortschrittlichen Idee", die er bereits 1923 in seiner Schrift „Warum Feuerbestattung?" als „Teilerscheinung des proletarischen Klassenkampfes" wertete. Anlässlich des 25-jährigen Bestehens des Vereins formulierte Sievers sein Anliegen, „einen neuen Totenkult mit neuem weltanschaulichen Inhalt zu formen".[118] Damit verband er eine Kampfansage an alle „ausbeuterische[n] Tendenzen", die „Staat, Kirche und Kapitalismus in trauter (...) Dreieinigkeit ausüben", um sich das Monopol des Bestattungswesens zu sichern.[119] Solche Aussagen waren eine Steilvorlage für die Kirchen, die sich in ihren alten Vorbehalten gegen die „atheistische" Feuerbestattung bestätigt fühlten und Spekulationen in Umlauf brachten, dass es im Wedding nicht mit rechten Dingen zuginge: den Leichen würden die Goldzähne herausgebrochen, mehrere Leichen würden auf einmal verbrannt, und immer wieder kämen Wertgegenstände abhanden.[120] Der Berliner Verein für Feuerbestattung war lediglich angetreten, um eine Gleichstellung von Erd- und Feuerbestattung zu erreichen. Demgegenüber machte der VFF die Feuerbestattung zu einer ebenso antikirchlichen wie antikapitalistischen Angelegenheit und damit zu einem integralen Bestandteil der Arbeiterbewegung. In diesem marxistischen Gedankengebäude spielte es bald keine Rolle mehr, ob Religion und Feuerbestattung miteinander vereinbar waren.

Der Anteil der Arbeiterschaft an der Feuerbestattung, der im gesamten Kaiserreich bis zur Jahrhundertwende unter einem Prozent lag, stieg zwischen 1919 und 1923 auf 13,7 Prozent. Zwischen 1924 und 1926 erhöhte er sich sprunghaft auf 45,6 Prozent.[121] Dies war keineswegs ein Nachweis dafür, dass die Argumente von Max Sievers und anderen Freidenkern sich durchgesetzt hatten und von allen mitgetragen wurden. Es hatte in erster Linie mit der rapiden Verteuerung der Erdbestattung in den 1920er Jahren zu tun, die zu massenhaften Vereinsbeitritten seitens der Arbeiterschaft führte. Während die Erdbestattung immer teurer wurde, verbilligten sich in dieser Zeit die Kosten für die Einäscherung, das galt insbesondere für die Folgekosten für die Hinterbliebenen. Vom Wachstum der Feuerbestattungsbewegung profitierten wiederum auch die Freidenkerverbände. Der VFF konnte seine Mitgliederzahlen bis 1929 auf annähernd 600.000 verzehnfachen. Die Mehrzahl der Beitritte war vor allem auf die Furcht vor und Absicherung gegen das Risiko zurückzuführen, einmal würdelos „verscharrt" zu werden. So nahmen die meisten die Beitrittsbedingung des VFF, den Kirchenaustritt, auch eher hin, als dass sie wirklich überzeugt davon waren. Das hinderte die Freidenker nicht daran, *alle* neu gewonnenen Mitglieder als Repräsentanten ihrer Weltanschauung für sich in Anspruch zu nehmen.[122]

AUSBAU UND ERWEITERUNGEN 1918–1932

Im Jahre 1918 machte der starke Anstieg der Einäscherungszahlen den Einbau eines dritten Ofens im Krematorium Berlin-Wedding nötig. Doch auch diese Maßnahme brachte kaum Entlastung, zumal sich die Einäscherungszahlen in den Jahren von 1918 (2272) bis 1920 (3945) fast verdoppelten. Die Leichenhalle war überfüllt, die Särge standen in den Gängen. Inspektor Reimann schilderte 1919 in einem Brief an das Kuratorium des Bestattungswesens Zustände, die keine würdigen Trauerfeiern mehr zuließen. Würden normalerweise von 9 Uhr morgens bis abends im Schnitt etwa zehn Trauerfeiern abgehalten, so müsse die Zahl der täglichen Trauerfeiern auf 14 bis 16 erhöht werden, die im Halbstundentakt abgehalten würden und alle nicht pünktlich beginnen könnten. Oft hielten sich in den Wartezimmern die Leidtragenden von drei verschiedenen Trauerfeiern zugleich auf. Geistliche und Redner beschwerten sich, dass sie zur Eile angetrieben würden, beklagten die „Hetzjagden", das „Hinauswerfen aus der Kapelle" und die „Bestattungen nach dem Abendbrot". Für die Arbeiten an den Öfen, so hieß es, „bleiben keine Pausen mehr, sodass während der Feiern das Beschütten und Auskratzen der Öfen zu hören ist und die Leidtragenden hochfahren lässt".[123] Im Januar 1920 konnte das Krematorium Berlin-Wedding wegen Überfüllung keine Särge mehr annehmen und wurde angewiesen, bei allen entsprechenden Anfragen auf das 1913 errichtete Krematorium am Baumschulenweg in Treptow zu verweisen [Abb. 55]. Eine Besichtigung durch das Bezirksamt ergab, dass alle Räume mit Särgen überfüllt seien, einige Särge sogar im Freien aufgestellt und der Witterung ausgesetzt seien: „von vielen [Särgen] waren die angeklebten Erkennungszettel abgeweicht und verloren gegangen", sodass Verwechslungen der Leichen leicht möglich seien.[124]

Im Oktober 1920 wurde die Errichtung einer provisorischen Einsegnungshalle westlich des Krematoriums auf dem Friedhofsgelände genehmigt. Diese „Nothalle", ein einfacher Bau aus Holz

Abb. 55: Krematorium Berlin-Treptow, 1913

Abb. 56: „Nothalle" westlich des Hauptgebäudes, 1920/21

westlich des Hauptgebäudes, wurde 1921 in Betrieb genommen, sodass auch dort Trauerfeiern abgehalten werden konnten [Abb. 56]. Im Keller wurde ein Sarglager eingerichtet. Dies brachte eine spürbare Entlastung, dennoch stieg die Nachfrage in dieser Zeit so stark an, dass neben dem Krematorium in Berlin-Wedding und dem 1913 in Betrieb genommenen Krematorium am Baumschulenweg in Treptow noch ein weiteres Krematorium in Wilmersdorf errichtet wurde, das 1922 seinen Betrieb aufnahm [Abb. 57].

Im Wedding fanden unterdessen weitere Umbaumaßnahmen statt. Die Zufahrt zum Wirtschaftshof von der Plantagenstraße wurde erweitert. Auf dem benachbarten Urnenfriedhof errichtete man zur Ruheplatzstraße hin eine neue Mauer, die 1924 aufgrund des gestiegenen Bedarfs in eine Urnenmauer umgewandelt wurde. Zwischen 1922 und 1924 wurde auch die Urnenwand zur Plantagenstraße errichtet. Diese 100 Meter lange Kolumbariumswand aus Kunststein, die durch Pfeiler und Pergolen streng gegliedert und von Efeu umrankt war, fasste 800 Urnen [Abb. 58, 59]. Bis heute ist sie die einzige Urnenwand ihrer Art auf einem Berliner Friedhof,[125] und erst ab 1964 wurde sie für Urnenbeisetzungen gesperrt.[126]

Zu den Baumaßnahmen der 1920er Jahre gehörte auch der Ausbau des Inspektorenhauses im Jahr 1926 zu einem zentralen Verwaltungsgebäude. Die Hinterbliebenen hatten nun für alle ihre Anliegen eine einzige Anlaufstelle, während die Verwaltungsräume vorher auf mehrere Gebäudeteile im westlichen Teil der Anlage verteilt waren. Im Erdgeschoss wurde die Verwaltung des Krematoriums untergebracht und im Obergeschoss die Friedhofsverwaltung. Eine Aufteilung, die bis zur Schließung des Krematoriums im Jahr 2002 beibehalten wurde.[127]

TECHNISCHE NEUERUNGEN UND SARGUNTERBRINGUNG

Nachdem das Krematorium im Jahr 1923 seinen Betrieb für zwei Monate einstellen musste, weil alle drei Verbrennungsöfen aufgrund der starken Inanspruchnahme erneuert werden mussten, und der Schornstein im Jahr 1924 wegen anhaltender Beschwerden aus der Nachbarschaft auf 52 Meter aufgestockt wurde, nahm man die umfassendsten technischen Neuerungen zum 15-jährigen Jubiläum des Krematoriums im Jahr 1927 in Angriff. Die ursprünglich als Provisorium gedachte Nothalle wurde aufgrund der hohen Nachfrage erhalten, um einen Warteraum erweitert und im Inneren erneuert.[128]

Das Thema der Sargunterbringung bereitete den Betreibern des Krematoriums das größte Kopfzerbrechen. Von 1914 bis 1919 waren die Särge im Keller unter dem Inspektorenhaus untergebracht worden. Danach wurde, zu ebener Erde, an der Ecke Adolf-/Plantagenstraße ein besonderer Leichenraum mit 21 Nischen zur Sargunterbringung eingerichtet. Beim Bau der provisorischen Nothalle 1920/21 wurde dann der dortige Keller als Sargraum ausgebaut. Dieser

Abb. 57: Krematorium
Wilmersdorf, 1922

Abb. 58: Urnenmauer an der
Plantagenstraße, 1922–1924

Abb. 59: Urnen in Urnenmauer

wurde jedoch schnell als unzureichend empfunden. Trotz Einbaus von Entlüftungsanlagen und „Ozonierungsapparaten" erwärmten sich die Räume in dem hölzernen Gebäude im Sommer zu schnell, es kam zu einer auch „für Fremde" deutlich wahrnehmbaren Geruchsbelästigung.[129] Man entschloss sich deshalb im Jahr 1927, den Gebäudeflügel zur Adolfstraße zu unterkellern, um die Särge dort in zwei Stockwerken übereinander aufzustellen. Mit einem modernen Kältesystem der Firma Borsig wurden dort insgesamt 113 Kühlkammern mit jeweils zwei Kühlschränken übereinander installiert [Abb. 60]. In 107 Zellen konnte die Luft auf minus 2 Grad heruntergekühlt werden und in sechs Gefrierzellen für Sonderfälle der bereits in Verwesung übergegangenen Fundleichen auf minus 8 Grad. „Für die betriebsärztlichen Feststellungen" wurden im Erdgeschoss neben dem Aufzug und dem Sargraum ein neuer Sezierraum [Abb. 61] und ein Arztzimmer hergerichtet.[130] Zu den weiteren Neuerungen zählten der schalldichte Abschluss der Versenkungsanlage für Särge, eine elektrische Sargeinführung vor den Öfen und die Einrichtung eines Urnenübergaberaums zur Übergabe der Aschenkapsel an die Angehörigen.[131]

DAS MODERNSTE KREMATORIUM EUROPAS

Am 19. März 1927 wurde im Krematorium Berlin-Wedding die 50.000ste Einäscherung in festlichem Rahmen begangen.[132] Zur Feier sprachen der Weddinger Bürgermeister Karl Leid und der „Vater des Krematoriums", Max Pauly. Auch der Freidenker Max Sievers, der schon früh für die Feuerbestattung eingetreten war, hielt eine Rede.[133] Als im Februar 1928 die technischen Neuerungen des Krematoriums eingeweiht und in fünf Vorträgen gewürdigt wurden, galt dies wiederum als Markstein in der Geschichte der Feuerbestattung. Das Krematorium Berlin-Wedding wurde als „deutsche Musteranlage" gefeiert.[134] Es war nun nicht nur das leistungsfähigste, sondern auch das mit den „modernsten und hygienisch besten Mitteln ausgestattete" Krematorium Europas. Im Jahr 1932 bestätigte der seit 1926 als Leiter des Krematoriums tätige Oberverwaltungsinspektor Arthur Tschirner die Ausnahmestellung des Krematoriums im Wedding: In 20 Jahren, seit der Inbetriebnahme im Jahr 1912 bis 1932, seien 85.900 Einäscherungen vorgenommen worden. Dies war eine Zahl, an die kein anderes Krematorium in Europa heranreichte.[135]

EINÄSCHERUNGEN 1918–1932

Der Personenkreis der nach 1918 eingeäscherten Personen spiegelt zum einen den gesellschaftlichen Wandel nach dem Ende des Ersten Weltkriegs mit der Gründung der Weimarer Republik. Zum anderen bezeugt er die Erweiterung des Kreises der Feuerbestattungsfreunde auf die Arbeiterschaft und auf linksgerichtete politische Zirkel, die nicht unwesentlich dem Wirken der Freidenker zu verdanken war. Im Jahr 1925 wurde die Frauenrechtlerin und Sozialistin Ottilie Baader

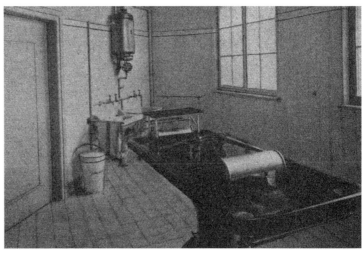

Abb. 60: Kühlkammern für
Särge der Firma Borsig, 1927

Abb. 61: Sezierraum, 1927

Abb. 62: Ottilie Baader (1847–1925)

Abb. 63: Hugo Preuß (1860–1925)

[Abb. 62] hier eingeäschert, die heute als eine der bedeutendsten Kämpferinnen für das Frauenwahlrecht in Deutschland gilt. Anders als Lily Braun oder Minna Kautsky entstammte Baader selbst der Arbeiterschaft. Die Tochter eines Arbeiters war nach dem Schulabbruch zunächst als Wäschenäherin, dann als Heimarbeiterin tätig, um zum Unterhalt ihrer Familie beizutragen. Nachdem sie 1877 aus der evangelischen Kirche ausgetreten und der Berliner Freireligiösen Gemeinde beigetreten war, wurde sie bald in der Sozialdemokratie aktiv. Als Zentralvertrauensperson war Baader seit 1899 neben Clara Zetkin führend beim Aufbau einer sozialistischen Frauenbewegung. Sie setzte sich für die Einführung des Frauenstimmrechts ein und plädierte für eine bessere Arbeiterinnenbildung. 1925 starb sie im Rudolf-Virchow-Krankenhaus in Berlin-Wedding, wurde dann im Krematorium Gerichtstraße eingeäschert und auf dem benachbarten Urnenfriedhof beigesetzt.[136]

Auch der Sozialist Adolph Hoffmann entschied sich für die Feuerbestattung. 1858 als Sohn eines Tuchmachers geboren, war er Freireligiöser und Sozialdemokrat und nahm 1881 am Gründungskongress des Deutschen Freidenkerbundes teil. Hoffmann war führend in der Agitation der Sozialdemokratie gegen die Kirchen. 1891 verfasste er die Schrift „Die zehn Gebote und die besitzende Klasse". Hoffmann war Stadtverordneter, Reichstagsmitglied und Abgeordneter im preußischen Landtag. Er gehörte zum linken Flügel der SPD und war 1917 Mitbegründer der USPD.[137]

Auch die russische Oktoberrevolution hinterließ ihre Spuren im Wedding. So wurden unter anderem zwei Exilrussen im Krematorium Wedding feuerbestattet. 1928 wurde Pawel Borissowitsch Axelrod (1850–1928) eingeäschert. Axelrod war Anhänger einer Ausprägung des vormarxistischen Sozialismus. Als diese Bewegung der sogenannten Narodniks scheiterte, musste Axelrod 1874 aus Russland fliehen und ließ sich in der Schweiz nieder. Nach der Rückkehr in seine Heimat im Jahr 1900 wurde Axelrod redaktionelles Mitglied der revolutionären Zeitung „Iskra". Bald nach der Oktoberrevolution musste er 1917 erneut aus Russland fliehen und lebte bis zu seinem Lebensende im Exil. Ebenfalls Redaktionsmitglied der „Iskra" war Julius Martow (1873–1923), der zu den Mitbegründern des Blattes zählte. 1895 gründete Martow zusammen mit Lenin den Petersburger Kampfbund zur Befreiung der Arbeiterklasse, wurde noch im selben Jahr deswegen verhaftet und anschließend in die sibirische Verbannung geschickt. 1903 wurde Martow Sprecher der Menschewiken in der Sozialdemokratischen Arbeiterpartei Russlands, einer Fraktion, die im Gegensatz zu den revolutionär ausgerichteten Bolschewiken auf Reformen setzte. Nach einem Streit mit Lenin über den Einsatz von staatlichem Terror kehrte er seinem Heimatland im Jahr 1920 den Rücken und starb 1923 im Berliner Exil. Ein Gedenkstein in kyrillischer Schrift auf dem Urnenfriedhof Gerichtstraße erinnert bis heute an die insgesamt sechs russischen Sozialdemokraten, die zwischen1923 und 1930 im deutschen Exil starben. Neben Axelrod und Martow waren dies Lew Etkin, Alexej Kabzahn, Abraham Mutnik und Semjon Weinstein.[138]

Mit dem Juristen und Politiker Hugo Preuß [Abb. 63] ließ sich im Jahr 1925 einer der Architekten der Weimarer Verfassung von 1919 im Wedding einäschern. Preuß war Mitglied der liberalen

Deutschen Demokratischen Partei, erarbeitete als Staatssekretär die ersten Entwürfe der Weimarer Verfassung und wurde danach Innenminister im Kabinett von Philipp Scheidemann. Seine Publikationen wurden im April 1933 von den Nationalsozialisten auf den Index gesetzt.

Auch der erste „Armenarzt" aus dem Wedding wurde hier feuerbestattet und auf dem Friedhof in der Gerichtstraße beigesetzt. Bis 1863 studierte Dr. Eduard Solger [Abb. 64] Medizin und diente danach als Stabsarzt. 1866 ließ er sich im Wedding nieder, wo er zuerst in der Boysenstraße, dann in der Reinickendorfer Straße über 50 Jahre lang als Armenarzt tätig war. In der Reinickendorfer Straße erinnert heute eine Gedenktafel an das sozial-christliche Engagement des Mediziners, der 1918 in den Vorstand der sogenannten „Schrippenkirche" gewählt wurde, eines Vereins, der Frühstücksgottesdienste und Andachten für Arbeitslose organisierte. Sein Grabstein auf dem Urnenfriedhof Gerichtstraße ist, obgleich fast bis zur Unleserlichkeit verwittert, heute noch erhalten.

Mit dem Immunologen und Bakteriologen August von Wassermann (1866–1929) wurde im Wedding einer der Protagonisten der Hygiene-Bewegung eingeäschert, die entscheidend zum Wiederaufstieg der Feuerbestattung in Preußen beigetragen hatten. 1891 trat er in das neu gegründete Preußische Institut für Infektionskrankheiten ein, das von Robert Koch geleitet wurde. 1906 veröffentlichte er zusammen mit Albert Neisser und Carl Bruck die später nach ihm benannte „Wassermannsche Reaktion", die ein Standardtest zur Diagnostik der Syphilis wurde. Seine Urne gehört zu den Berliner Ehrengräbern und befindet sich heute im Eingangsbereich des 2011 eröffneten, modernen Kolumbariums auf dem Urnenfriedhof Gerichtstraße.

Eugen Gutmann [Abb. 64] war ein jüdischer Bankier und Mäzen, mit dessen Namen sich das bekannteste Familiengrab auf dem Urnenfriedhof in der Gerichtstraße verbindet. 1872 gründete er, gemeinsam mit der Bankiersfamilie Kaskel, die Dresdner Bank. Dort führte er als einer der ersten Bankdirektoren das Konzept eines Netzes von Filialbanken ein, um so breite Kundenschichten zu erreichen. Unter seiner Führung entwickelte sich die Dresdner Bank zu einem Weltunternehmen. Das monumentale Grabmal für die Bankiersfamilie Gutmann, das 1916 nach einem Entwurf von Franz Seeck auf dem Urnenfriedhof Gerichtstraße errichtet wurde und noch sehr

Abb. 64: Eduard Solger (1831–1920)

gut erhalten ist, erinnert an verschiedene Familienmitglieder, unter anderem an Gutmanns Sohn Fritz und dessen Ehefrau Louise, die 1944 Opfer des Holocaust wurden.

Zu den Künstlerpersönlichkeiten, die in den 1920er Jahren im Krematorium Wedding eingeäschert wurden, zählten neben dem Bildhauer Hans Hundrieser (1872–1929) auch Siegfried Ochs, Gründer und Leiter des Philharmonischen Chores Berlin, dessen Trauerfeier bei minus 16 Grad im Februar 1929 in der Kuppelhalle stattfand [Abb. 66].

Im Dezember 1930 wurde mit Max Pauly der jüdische „Vater" des Krematoriums unter großer öffentlicher Anteilnahme zu Grabe getragen.[139] Sein Leichnam wurde in der 1921 errichteten „Nothalle" aufgebahrt [Abb. 67]. In der durch den Leiter des Krematoriums Arthur Tschirner mit reichem Blumenschmuck versehenen Kuppelhalle fand die Trauerfeier statt, zu der sich auch der Weddinger Bezirksbürgermeister Karl Leid einfand. Die Stadt Berlin ließ einen riesigen Lorbeerkranz am Sarg Paulys niederlegen. Die Urnenbestattung fand später auf dem Friedhof Nikolassee in Charlottenburg statt. 1931 stiftete die Feuerbestattungskasse „flamma" ein Grabmal für die Urnengrabstätte sowie eine Gedenktafel für Max Pauly, die in die linke Seitenmauer der Weddinger Urnenhalle eingelassen und am 6. September 1931 feierlich enthüllt wurde [Abb. 68]. Die Inschrift lautete: „Dem Altmeister der deutschen Feuerbestattungsbewegung und dem Schöpfer des Krematoriums Wedding gewidmet". Diese Gedenktafel wurde 1936 von den Nationalsozialisten entfernt und nach 1940 verschrottet, weil Max Pauly „nicht arisch" war.[140]

Im Jahr 1932 warf das NS-Regime bereits seinen Schatten voraus. Am 19. Januar 1932 wurde der Arbeiter Fritz Klemke in der Laubenkolonie Felseneck in Reinickendorf von Schlägertrupps der SA überfallen. Klemke, der kurz zuvor Mitglied der KPD geworden war, wurde auf seinem eigenen Grundstück von der SA erschossen. Die Täter wurden angeklagt, aber im Rahmen der „Weihnachtsamnestie" begnadigt und nie für den Mord belangt. Bei der Trauerfeier für Fritz Klemke am 25. Januar 1932 versammelten sich etwa 1500 Arbeiter am Krematorium Gerichtstraße, um seiner zu gedenken. Die Demonstrationszüge gegen den Mord der SA an Fritz Klemke zogen sich über die gesamte Gerichtstraße bis hin zum Nettelbeckplatz.[141]

Abb. 65: Max Liebermann, Porträt Eugen Gutmann (1840–1925), 1907

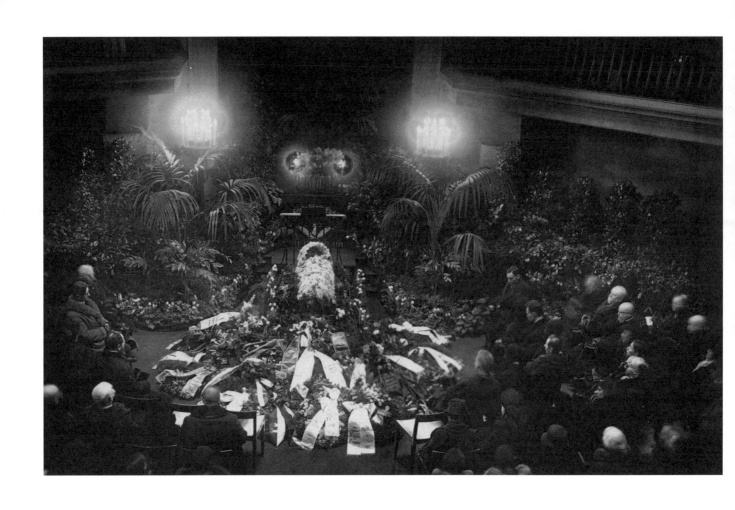

Abb. 66: Trauerfeier für Siegfried Ochs am 12. Februar 1929 bei -16 Grad,
Foto: August Scherl

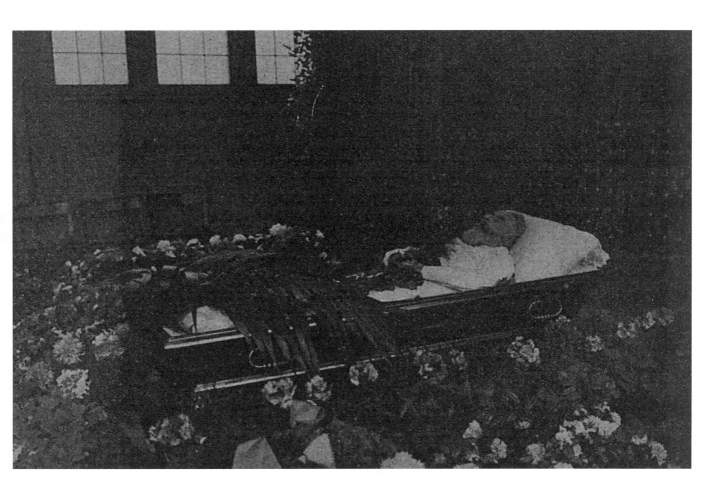

Abb. 67: Aufbahrung des Leichnams von Max Pauly in der „Nothalle" des Krematoriums

Abb. 68: Gedenktafel für Max Pauly (1858–1930)

Nationalsozialismus und Zweiter Weltkrieg (1933–1945)

GLEICHSCHALTUNG

Nach der Machtübernahme der Nationalsozialisten erfasste die Gleichschaltung früh auch das Bestattungswesen. 1933 schlossen sich alle Feuerbestattungsvereine zum Großdeutschen Verband der Feuerbestattungsvereine zusammen, der vom Reichsministerium des Inneren als alleiniger Vertreter aller Feuerbestattungsvereine anerkannt wurde. Bemüht, sich vorzeitig von allen freidenkerischen oder marxistischen Strömungen zu distanzieren, die mit dem Kampf um die Feuerbestattung verbunden waren, nahm der Großdeutsche Verband der Feuerbestattungsvereine Kontakt zum „Braunen Haus" in München auf, und im März 1933 telegrafierte der Verbandsvorsitzende Paul Mühling sein rückhaltloses Bekenntnis zum „Führer Adolf Hitler".[142] In der Mai-Ausgabe des „Zentralblatts für Feuerbestattung" ließ Mühling in einem Leitartikel verlautbaren: „Gewiss geht die revolutionäre Umstellung nicht ohne Wunden ab. Wir müssen die jüdischen Anhänger der Feuerbestattung ihrer führenden Stellung in der Bewegung entheben. Es wäre Gesinnungsheuchelei, wenn wir in dieser Trennungsstunde vergessen wollten, dass die besten Kräfte des Judentums sich in den Dienst unserer Sache gestellt haben. Erinnert sei nur an Pauly (...)." Aber die „Absonderung" von den „jüdischen Mitkämpfern" müsse sein: „Wenn es um Deutschland geht, gibt es kein Schwanken, kein Besinnen, keine Gefühlsseligkeit!"[143] So distanzierte sich Mühling, der noch 1931 in derselben Zeitschrift salbungsvolle Worte des Gedenkens an Max Pauly veröffentlicht hatte,[144] von dem jüngst verstorbenen jüdischen Weggefährten. Und die Distanzierung von den Freidenkern, deren Organisationen 1933 unterschiedslos vom NS-Regime verboten wurden, folgte auf dem Fuße: „Den Freidenkerverband hat sein verdientes Schicksal ereilt – er ist nicht mehr."[145] Jenen Marxisten aber, die sich um die Feuerbestattung verdient gemacht hatten, stehe es frei, sich den Nationalsozialisten anzuschließen.

Zu den Anliegen des Großdeutschen Verbandes gehörte von Anfang an die rechtliche Gleichstellung von Erd- und Feuerbestattung. Sie wurde ein Jahr später mit dem Reichsgesetz vom 15. Mai 1934 vollzogen, das die Feuerbestattung umfassend und im ganzen Reichsgebiet einheitlich regelte. Das Gesetz von 1934 enthielt Klauseln, die in Teilen noch heute rechtsgültig sind: Wie das preußische Bestattungsgesetz (1911) schrieb es eine ärztliche Leichenschau vor der Einäscherung vor und erlaubte die Beisetzung der Urne nur auf dem Friedhof.[146] Arthur Tschirner, der seit 1926 Leiter des Krematoriums Berlin-Wedding war, hatte maßgeblichen Anteil an diesem Reichsgesetz [Abb. 69]. Unter seiner Federführung war vom Ausschuss für Feuerbestattung im Deutschen Städtetag 1931 eine Musterbetriebsordnung ausgearbeitet worden, die in wesentlichen Teilen in das Gesetz einging.[147] Tschirner hatte außerdem 1928 die Arbeitsgemeinschaft Krematorien gegründet und beteiligte sich aktiv beim Großdeutschen Verband der Feuerbestattungsvereine. Im Jahr 1933 übernahm er dort den Vorsitz der Abteilung Krematorien und nahm in dieser Eigenschaft an den Jahrestagungen des Großdeutschen Verbandes teil. Dort ergriff Tschirner bereits 1933 das Wort, machte sich für eine Vereinheitlichung der Feuerbestattung stark und sprach sich in allen Organisationsbelangen für das „Führerprinzip" aus.[148]

Abb. 69: Arthur Tschirner (hintere Reihe, 3. von links) und die Belegschaft des Krematoriums, 1926:
hintere Reihe, von links nach rechts: Dittrich, Benecke, Karall, Schleicher, Müller;
vordere Reihe: Groß, Hoffmann, Weimann, Wölke, Paasch

KREMATORIUMSBETRIEB UND „SONDERAUFGABEN"

Während der Weddinger Bezirksbürgermeister Karl Leid (SPD), der sich von Anfang an für die Genehmigung des ersten Krematoriums von Berlin eingesetzt hatte, seines Amtes enthoben und durch einen nationalsozialistischen Vertreter ersetzt wurde, passte sich der Krematoriumsleiter Arthur Tschirner rasch den neuen Machtverhältnissen an. Nach seiner kurzzeitigen Amtsenthebung im Frühjahr 1933 wegen seiner Mitgliedschaft in der linksliberalen Deutschen Demokratischen Partei (DDP)[149] wurde Tschirner, nachdem er die Bedingung erfüllt hatte, der NSDAP beizutreten, sofort wieder eingestellt.[150]

Das Krematorium Berlin-Wedding führte auch nach 1933 seinen normalen Betrieb fort. Zu den regulären Bestattungen in dieser Zeit gehörte im Jahr 1935 die Einäscherung des ersten Organisten des Krematoriums, Paul Schmidt, der die Trauerfeiern an der Gerichtstraße seit 1912 musikalisch begleitet hatte [Abb. 70]. Auch Johannes Tews (1860–1937), ein bekannter Pädagoge, Verfechter der Einheitsschule und engagierter Fürsprecher von Volks- und Erwachsenenbildung, der sich für die Einrichtung von „Volksbüchereien" in allen Städten einsetzte, wurde im Wedding eingeäschert und bestattet. Im Jahr 1938 fand zudem der Gartendirektor des Bezirks Wedding Rudolf Germer [Abb. 71] auf dem Urnenfriedhof seine letzte Ruhestätte. Er gilt als Schöpfer des Volksparks Rehberge, dessen Plan von Stadtgartendirektor Erwin Barth ab 1926 in modifizierter Form umgesetzt wurde. Germer selbst hatte u. a. den Park am Plötzensee, den Gartenplatz, den heutigen Louise-Schröder-Platz und den Vinetaplatz gestaltet.[151]

Neben diesem regulären Bestattungsbetrieb hatte das Krematorium aber seit der Machtübernahme auch „Sonderaufgaben" zu erfüllen. Diese bestanden darin, politische Gegner des NS-Regimes, die ohne Gerichtsurteil getötet worden waren, durch Einäscherung spurlos zu beseitigen. Laut Aussagen ehemaliger Mitarbeiter des Krematoriums geschah dies von 1933 bis 1945. Diese Augenzeugenberichte finden sich in einer unveröffentlichten, maschinenschriftlichen „Geschichte des Krematoriums Berlin-Wedding", die anlässlich des 40-jährigen Bestehens am 24. November 1952 vom Bezirksamt Wedding herausgegeben wurde.[152]

Bereits vor der Einrichtung der ersten Vernichtungslager durch die Nationalsozialisten war die Einäscherung für die neuen Machthaber aufgrund der vollständigen Vernichtung von forensischem Beweismaterial ein probates Mittel, um alle Spuren ihrer Gewaltherrschaft restlos zu beseitigen. Das fing bereits im Juli 1933 an, als im Wedding zwei Mordopfer der sogenannten „Köpenicker Blutwoche" eingeäschert wurden. So wurde eine beispiellose Verhaftungs-, Folter- und Mordaktion der SA bezeichnet, die in Köpenick durchgeführt wurde. Zwischen dem 21. und 26. Juni wurden dabei etwa 500 Regimegegner und Juden gefangen genommen, gedemütigt und auf barbarischste Weise gefoltert. Mindestens 23 Menschen wurden dabei ermordet. Zu den Folter- und Mordopfern gehörten auch der Sozialdemokrat Johannes Stelling [Abb. 72] und der Werkzeugmacher Paul von Essen, die Mitglieder des von Sozialdemokraten dominierten Bündnisses Reichsbanner Schwarz-Rot-Gold waren. Die bis zur Unkenntlichkeit verstümmelten Leichen

der beiden Widerständler wurden von der SA in einem mit Steinen beschwerten Sack in der Dahme versenkt. Zehn Tage später wurde der Sack nahe der Fähre nach Grünau aus der Dahme geborgen und die sterblichen Überreste von Paul von Essen und Johannes Stelling im Juli 1933 in Berlin-Wedding eingeäschert. Eine Zeitzeugin berichtete von der Trauerfeier Stellings: „Alles war bis auf den letzten Platz gefüllt. Als der Sarg in die Tiefe ging, ertönte der Ruf ‚Freiheit'. Darauf schlossen Kripobeamte die Tür, doch wir konnten durch einen anderen Ausgang entweichen."[153] Am 24. August 1933 wurde die Urne mit der Asche Stellings auf dem Zentralfriedhof Berlin-Friedrichsfelde beigesetzt.[154]

Waren zumindest die Einäscherungen dieser beiden Mordopfer noch unter legalen Bedingungen erfolgt, so wurden bei den folgenden Einäscherungen von Opfern der NS-Gewaltherrschaft alle Bestimmungen außer Acht gelassen, die das Krematorium wenige Jahrzehnte zuvor zu einem Symbol des Fortschritts gemacht hatten. Dass sich der Einäscherungsbetrieb in einem Krematorium grundsätzlich der Öffentlichkeit entzog und nur einem kleinen Kreis zugänglich war, spielte den Nationalsozialisten in die Hände. „Was an diesem Ort geschah, ließ sich eher als anderswo verheimlichen", ein Umstand, der sich trefflich in die Bedingungen der neuen Diktatur fügte.[155]

Bei allen folgenden Fällen sorgte die Gestapo zusätzlich dafür, dass die Beseitigung von ermordeten Regimegegnern vollständig verschleiert wurde. Dies war bereits ein Jahr später der Fall, als Mordopfer des sogenannten „Röhm-Putsches" von 1934 beseitigt werden sollten. Diesen Begriff nutzten die Nationalsozialisten zu Propagandazwecken, um die rein machtpolitisch motivierte

Abb. 70: Paul Schmidt (1872–1935), erster Organist des Krematoriums

Abb. 71: Rudolf Germer (1884–1938)

Abb. 72: Johannes Stelling (1877–1933)

interne „Säuberungswelle" gegen führende Mitglieder der SA und ihren Stabschef Ernst Röhm als präventive Maßnahme zu rechtfertigen. Der Mordwelle fielen insgesamt 80 bis 150 Personen zum Opfer, darunter neben SA-Angehörigen auch zahlreiche dem Regime missliebige Persönlichkeiten.

Als 30 dieser Mordopfer am 2. Juli 1934 gegen Mittag in zwei Lastwagen beim Krematorium Wedding angeliefert wurden, wiesen einige Spuren darauf hin, dass die Männer unmittelbar vor der Anlieferung regelrecht hingerichtet worden waren. Ein Mitarbeiter des Krematoriums berichtete: „Auf der linken Brustseite jeder Leiche, die alle noch bluteten und bei denen die Leichenstarre noch nicht eingetreten war, konnten sieben Gewehreinschüsse festgestellt werden."[156] Der Wirtschaftshof zur Plantagenstraße, in den die Leichen angeliefert worden waren, wurde von der Gestapo besetzt und durfte auch vom Personal nicht mehr betreten werden. Die Leichen mussten auf alle verfügbaren Räume verteilt werden, die Einäscherungen hatten sofort zu beginnen. Den Heizern erlegte die Gestapo unter Androhung von Erschießung strengstes Stillschweigen auf. Da die Leichen aus technischen Gründen nicht ohne Sarg in die Öfen eingeschoben werden konnten, mussten in aller Eile Holzbretter herbeigeschafft werden, um provisorische Särge zusammenzuzimmern. Die Einäscherungen dauerten insgesamt 16 Stunden und sollten ohne jede Ablösung des Personals stattfinden. Die Nachtschicht wurde daran gehindert, ihren Dienst anzutreten, und die Gestapo überwachte die Verbrennungen bis zum Schluss. Danach wurden die Heizer gezwungen, die beiden blutbesudelten Lieferwagen mit dem Wasserschlauch zu reinigen. Die Gestapo sorgte auch dafür, dass die Vorgänge in keiner Weise dokumentiert oder aktenkundig wurden, die Namen der eingeäscherten Mordopfer wurden nie bekannt. Die Aschekapseln mit ihren sterblichen Überresten enthielten lediglich die Nummern, die jeder Tote auf einem Zettel in der Hosentasche trug und die sich zudem auf der Liste der Gestapo befanden.

Auch in den folgenden Tagen wurden weitere Mordopfer ohne Sarg angeliefert, die allesamt anonym eingeäschert wurden. Mit einer Ausnahme: Die Leichen von Kurt von Schleicher und seiner Ehefrau Elisabeth [Abb. 73], die ebenfalls im Zuge des „Röhm-Putsches" ermordet wurden, brachte man in zwei Särgen zum Krematorium.[157] Den Mord am letzten Reichskanzler der Weimarer Republik und seiner Frau, die in ihrer Villa in Neubabelsberg beide am helllichten Tag von einem Mordkommando der SS erschossen worden waren, hatte die Polizei bereits bei der Zentralstaatsanwaltschaft in Berlin gemeldet. Kurz darauf riss das Justizministerium die Angelegenheit an sich und untersagte der Staatsanwaltschaft jede weitere Ermittlung.

Als der Pazifist und Schriftsteller Carl von Ossietzky [Abb. 74] im Wedding eingeäschert wurde, war die Gestapo ebenfalls präsent. Ossietzky war 1933 inhaftiert worden und befand sich seit 1934 im Konzentrationslager Papenburg-Esterwegen, aus dem er im Jahr 1936, wenige Tage vor der geplanten Verleihung des Friedensnobelpreises, todkrank in das Berliner Krankenhaus Nordend entlassen wurde. Dort starb er wenig später, von der Gestapo überwacht, an den Folgen seiner

Abb. 73: Kurt (1882–1934) und Elisabeth (1893–1934) von Schleicher vor einem Wahllokal zur Reichstagswahl 1932, Foto: Herbert Hoffmann

Abb. 74: Carl von Ossietzky (1889–1938), März 1938

Tuberkulose. Die Gestapo wies Ossietzkys Frau Maud an, kein Wort über den Tod ihres Mannes zu verlieren, den Tag der Einäscherung nicht bekanntzugeben und verbot ihr auch die Durchführung einer Trauerfeier, an die sie sich später so erinnerte: „Es war ein stummer Abschied. Kein Redner sprach, kein Freund rief dem Toten ein Wort des Gedenkens nach, nur eine leise Musik hatte die Gestapo erlaubt."[158] Ossietzky hinterließ seine Frau Maud und seine Tochter Rosalinda, die über England nach Schweden emigrieren konnten.

Auch während des Zweiten Weltkriegs erfolgten weitere Einäscherungen von politischen Opfern des Regimes. Zwischen 1942 und 1944 wurden die Leichen von insgesamt 28 Frauen und Männern beseitigt, die in Plötzensee enthauptet worden waren, sowie zehn tote Soldaten, die an den Tegeler Schießständen hingerichtet worden waren. Auch die Leichen von 37 ausländischen Zwangsarbeitern, die in der Rüstungs-industrie eingesetzt wurden und dort gestorben waren, übergab man dem Personal des Krematoriums zur Einäscherung.[159]

Die wohl prominentesten NS-Opfer, die im Krematorium Berlin-Wedding eingeäschert wurden, waren die Widerständler vom 20. Juli 1944 um Graf von Stauffenberg, die nach dem missglückten Attentat auf Adolf Hitler im Bendlerblock erschossen und in ihren Uniformen auf dem St.-Matthäus-Kirchhof bestattet wurden. Um einer Legendenbildung vorzubeugen, ließ Heinrich Himmler die Leichen der fünf Männer – Claus Schenk Graf von Stauffenberg, Werner von Haeften, Friedrich Olbricht, Albrecht Mertz von Quirnheim und Ludwig Beck – exhumieren und zur Einäscherung ins Krematorium Wedding bringen, erneut durch die Gestapo: „Am Sonntag, dem 23. Juli 1944, fuhr in den Nachmittagsstunden ein Lastkraftwagen vor das Krematorium vor und brachte in 2 Sarg-hälften 5 Leichen. Im Sargdeckel lagen drei, vermutlich erschossene Personen, im dazugehörigen Sargunterteil zwei auf dieselbe Art verstorbene Männer. Alle fünf eingelieferten Leichen, nur mit Hemd und Unterwäsche bekleidet, hatten an Kopf und Körper blutunterlaufene Stellen und teil-weise erhebliche Verletzungen, die auf schwere Misshandlungen hindeuteten. Die den Transport begleitende Gestapo forderte im herrischen, anmaßenden Befehlston und unter Strafandrohung die sofortige Einäscherung."[160] Diese erfolgte zu zweit und zu dritt, wie sie eingeliefert wurden. Nach der Einäscherung wurde die Asche wahllos auf fünf Urnen verteilt, welche die Gestapo sofort an sich nahm. „Fehlende Formalitäten wurden von der Gestapo mit dem Hinweis auf die Staatsnotwendigkeit erklärt."[161] Die Asche der fünf Widerständler soll anschließend auf den Rie-selfeldern vor Berlin verstreut worden sein.[162]

Abb. 75: Eduard Hamm (1879–1944)

Im September 1944 wurden die Leichen drei weiterer Männer angeliefert, die nach dem gescheiterten Attentat auf Adolf Hitler verhaftet worden waren. Sie waren ins Gefängnis Lehrter Straße gebracht worden, in dem zwei von ihnen nach Folter durch die Gestapo ihrem Leben ein Ende setzten. Es handelte sich dabei um Gerd von Tresckow, dem Bruder eines Angehörigen des Widerstandskreises um Graf Stauffenberg, und um den Wirtschaftspolitiker Eduard Hamm **[Abb. 75]**, der im Fall eines Gelingens des Attentates eine führende Rolle in der Wirtschaftspolitik übernehmen sollte. Die dritte Person war der Offizier und Widerstandskämpfer Wilhelm Dieckmann **[Abb. 76]**. Dem Oberregierungsrat und Mitarbeiter im Reichsarchiv Potsdam wurde seine verwandtschaftliche Verbindung zum Hitler-Attentäter Albrecht Mertz von Quirnheim zum Verhängnis, der sein Schwager war. Nach seiner frühen Verhaftung am 25. Juli wurde Dieckmann im September 1944 nach brutalen Verhören von Angehörigen der Gestapo erschossen.[163] Als seine Urne im Jahr 1946 unter den Trümmern des Gefängnisses Lehrter Straße gefunden wurde, ließ ein Beamter die Urne der Witwe zukommen.[164]

BAUMASSNAHMEN 1933–1945

Während die Gestapo das Krematorium zur spurlosen Beseitigung der Leichen von Regimegegnern nutzte, wurde parallel dazu der normale Einäscherungs- und Bestattungsbetrieb des Krematoriums fortgeführt, und zudem wurden weitere bauliche Neuerungen in Angriff genommen. Nachdem das Krematorium im Jahr 1927 umfassenden Modernisierungen unterzogen worden war, nahm der Leiter des Krematoriums Arthur Tschirner die anstehende Feier zum 25-jährigen Bestehen des Krematoriums zum Anlass, um weitere umfassende Um- und Neubauten auszuführen. Zunächst wurde im Jahr 1936 die hölzerne „Nothalle" abgerissen, um Platz zu schaffen. Sie wurde auf dem Gelände der Wittenauer Heilstätten wieder aufgestellt – einer psychiatrischen Heilanstalt, in der Zwangssterilisationen von Patienten und die Tötung von geistig Behinderten und psychisch Kranken in den 1930er Jahren zum Alltag gehörte.[165] An ihrer Stelle wurde 1936/37 eine neue steinerne Trauerhalle errichtet, die sogenannte „Westhalle", die von Oberbaurat Wilhelm ten Hompel vom Hochbauamt Wedding entworfen wurde **[Abb. 77]**. Die Einweihung der Halle, die 140 Personen Platz bot, fand am 28. November 1937 statt.

Abb. 76: Wilhelm Dieckmann (1893–1944)

Abb. 77: Zeichnung Außenansicht Westhalle, 1937

Abb. 78: Innenansicht Westhalle, 1937   **Abb. 79:** Zeichnung Innenansicht Osthalle, 1937

Bei der inneren Gestaltung der neuen Halle kam der nationalsozialistische „Lichtgedanke", die Ideologie der Feuerverehrung und des Sonnenkultes, zum Tragen, welche die Nationalsozialisten von vermeintlich germanischen Bräuchen ableiteten und in Gestalt von Sonnenwendfeiern in ihrem Festkalender verankerten.[166] In der Jubiläumsschrift von 1937 schrieb Arthur Tschirner dazu: „Bei der inneren Raumgestaltung musste jedoch der Forderung Rechnung getragen werden, den eigentlichen Ort der Trauerfeier mit dem Sinn der Feuerehrung in Einklang zu bringen. Durch die dauernde Zunahme der Feuerbestattungen wurde diese Forderung immer dringlicher. Das Versenken des Sarges in der Trauerhalle des Krematoriums ist unlogisch; denn Feuerbestattung hat mit Beerdigen nichts gemeinsam. Bei der Feuerbestattung wird ein technischer Vorgang zum tiefgründigen Gleichnis für den Sieg des Geistes über das Körperliche (...). Unter Berücksichtigung vorstehender Gesichtspunkte entstand die 8 m hohe Trauerhalle mit einem besonderen, im Blickpunkt stehenden Lichtraum für die Aufbewahrung des Verstorbenen."[167] Auf eine Versenkungsanlage wurde deshalb bei dem Neubau verzichtet. Stattdessen sollte eine neue Zeremonie eingeführt werden, die den „Lichtraum" mit seiner „blendenden Strahlenhelle", in welcher der Verstorbene aufgebahrt sein sollte, ins Zentrum stellte: „Am Schluss der Trauerfeier schließt sich langsam und lautlos unter Orgeltönen die Pforte zum Lichtraum und schließt damit gleichzeitig das irdische Dasein ab."[168] Die Halle sollte ansonsten „einfach und schlicht" gestaltet werden sowie „gedämpftes Licht" und eine feierliche Stimmung verbreiten [Abb. 78].

Da wegen der steigenden Einäscherungszahlen beide Hallen zu allen Tageszeiten für Trauerfeiern genutzt werden sollten, beschloss Tschirner, auch die Osthalle von William Müller umzugestalten. Die historischen Urnennischen im architektonischen Herzstück der Anlage wurden verputzt, die Urnen umgeräumt. „Die in dieser Halle aufgestellten Urnen sind anderweitig untergebracht worden, da die Besucher dieser Urnenstellen die Trauerfeiern störten", die zu dieser Zeit in engem Takt durchgeführt wurden. Aus der 1910 errichteten Urnenhalle wurde nun eine reine Trauerhalle, die in ihrer inneren Ausgestaltung der neu errichteten Westhalle angeglichen wurde [Abb. 79].[169]

EINGANGSPORTAL UND FLAMMENSCHALEN

Neben der Neuerrichtung der Westhalle und der radikalen Umgestaltung der alten Osthalle gehörte auch die Neugestaltung des Haupteingangs zum Krematorium zu den Baumaßnahmen des Jubiläumsjahres 1937. Wegen des dichten Baumbestands war das Krematorium vorher von der Gerichtstraße aus, mit Ausnahme des Schornsteins, kaum sichtbar gewesen. Der Haupteingang zu Friedhof und Krematorium lag seitlich vom Krematorium, direkt neben dem Inspektorenhaus [Abb. 48]. „Aus verkehrstechnischen Gründen"[170] wurde der Eingang nun in die Mittelachse des Krematoriums verlegt. Damit rückte das Krematorium, der Aufwertung der Feuerbestattung in den 1930er Jahren entsprechend, auch optisch in den Mittelpunkt des Geländes und in den Blickpunkt der Passanten. Das neue, dreibogige Eingangsportal mit angegliedertem Pförtnerhäuschen [Abb.

80] wurde mit dem Schriftzug „Krematorium Berlin-Wedding" versehen. Gestaltung und Beschriftung des Eingangsgebäudes sollte den Vorübergehenden den Bestimmungszweck des Grundstücks in eindeutiger Weise kenntlich machen „und die Menschen in der hastenden Großstadt zur Besinnlichkeit mahnen", wie Arthur Tschirner es formulierte.[171]

Die Flammenschalen der Eisengitter **[Abb. 81]** in den drei Bögen des Eingangsportals passten einerseits zu den kleinen Flammenschalen, die sich als Bauschmuck links und rechts über dem Eingang zur Osthalle von William Müller befanden. Das Motiv fügte sich aber auch trefflich in die NS-Ideologie der Feuerverehrung. Die NS-Zeitschrift „Die Feuerbestattung", die 1936 vom Großdeutschen Verband für Feuerbestattung gegründet wurde und bis 1943 existierte, hatte exakt dieses Symbol auf dem Titelblatt **[Abb. 82]**.[172] Die Fachzeitschrift, in der Tschirner regelmäßig publizierte, folgte der ideologischen Linie des Regimes, das die Feuerbestattung als „germanischen Ahnenkult" verklärte und als deutsches Kulturmerkmal etablieren wollte. Arthur Tschirner sprach in seiner Jubiläumsschrift gar von einer „alten urgermanischen Sitte", deren Zweck er mit pathetischen Worten erklärte: „Das leuchtende und wärmende Feuer sollte nicht nur den wesenlosen Körper verzehren, sondern denselben reinigen und ihm die befreiende Kraft zum Emporschwingen der Seele geben."[173] Immer häufiger wurde auch die sachliche Bezeichnung „Feuerbestattung" durch den sakralisierenden Begriff der „Feuerehrung" ersetzt, und auch Tschirner verwendete den neuen Ausdruck.

Die in den 1930er Jahren im Ofenraum angebrachte Bronzetafel „Das heilige Feuer" folgte im Stil der „völkischen Kunst" dieser Licht- und Feuerideologie der Nationalsozialisten **[Abb. 83, 84]**.[174] Tschirner selbst beschreibt die Tafel mit folgenden Worten: „Die Feuerehrung wird symbolisiert durch die vom Altar aufsteigende Flamme, aus der sich der neue Baum des Lebens wieder entwickelt. ‚Werden und Vergehen' des Menschen. Mann, Frau und Kind schreiten auf diesen Altar der Feuerehrung zu."[175]

Abb. 82: „Die Feuerbestattung", H. 3, 1938, Titelblatt

Abb. 83: Bronzetafel „Das heilige Feuer", ca. 1934

Abb. 84: Heizer im Ofenraum mit Bronzetafel
(von links nach rechts: Langner, Friedrich,
Schnee, Hornig), ca. 1934

So kam bereits im Krematorium Berlin-Wedding der 1930er Jahre im kleinen Maßstab jenes unbegreifliche Paradox zum Tragen, das wenige Jahre später mit den Vernichtungslagern der Nationalsozialisten alle Dimensionen des Vorstellbaren sprengen sollte: Während im Bestattungswesen der NS-Zeit eine Sakralisierung der Feuerbestattung als „Feuerehrung" angestrebt wurde, diente die Leichenverbrennung der NS-Diktatur zugleich als effizientestes Instrument zur spurlosen Beseitigung von Menschen und endgültigen Vernichtung von Beweismitteln.

LUFTANGRIFFE UND KRIEGSSCHÄDEN

Der Zweite Weltkrieg hatte in den ersten Jahren keinen merklichen Einfluss auf den Betrieb des Krematoriums. Wie in den 1920er Jahren wurden die drei Öfen im Dreischichtbetrieb beheizt. In beiden Trauerhallen, Ost- und Westhalle, fanden Gedenkfeiern im 30-Minutentakt statt, der bald auf einen 20-Minutentakt erhöht werden musste. Die Einäscherungszahlen stiegen. Betrugen sie 1938 noch 8285, so wurden 1939 bereits 9527 Tote eingeäschert.[176] Die Öfen blieben auch während des Fliegeralarms in Betrieb, die Trauergäste verteilten sich in einem solchen Fall auf die umliegenden Luftschutzkeller. Das Personal des Krematoriums harrte in einem eigens ausgehobenen Schutzgraben auf dem benachbarten Urnenfriedhof aus und wartete dort auf die Entwarnung.

Seit März 1943 wurde das Krematorium immer häufiger von den Luftangriffen der Alliierten getroffen. Ein Grund dafür war der hohe Schornstein der Anlage, der den Fliegern einen guten Orientierungspunkt bot. Ziel der Angriffe waren aber in erster Linie die umliegenden Fabriken und Infrastrukturen, die Bahnlinien, die Schering-Werke, die AEG und die Brotfabrik Wittler. Das Krematorium wurde mehrfach schwer getroffen, Ost- und Westhalle erlitten schwere Schäden, ebenso wie der Wirtschaftshof zur Plantagenstraße. 1943 wurden der Fahrstuhl und ein Teil der Kühlanlagen zerstört, sodass sich bis Kriegsende ein Leichengeruch breitmachte, der besonders im Sommer den benachbarten Anwohnern zu schaffen machte. Im November 1943 wurde bei einem Bombenangriff das gesamte Aschenkapsellager zerstört. Die Aschenkapseln bestanden wegen der Materialknappheit zu diesem Zeitpunkt schon nicht mehr aus Metall, sondern waren durch Kapseln aus Presspappe und Kunststoff ersetzt worden. Unter den Kapseln befanden sich auch jene mit den Überresten von 38 nicht identifizierten Frauen, die in den Baracken des Behelfsgefängnisses für Frauen auf einem Fabrikgelände in der Bessemerstraße bei einem Bombenangriff umgekommen waren. Als keine Aschenkapseln mehr vorhanden waren, verwendete man stattdessen Tüten zur Aufbewahrung der Aschen. Anfang 1944 erhielt das Krematorium 8000 Aschenkapseln aus Eisenblech aus einem aufgelösten Konzentrationslager.[177]

Nach einem Luftangriff am 28. Januar 1944 war die Westhalle so stark zerstört, dass sie nicht mehr genutzt werden konnte [Abb. 85]. Bei demselben Luftangriff wurde auch der

Leichenabstellraum zerstört **[Abb. 86]**, Tote und Leichenteile lagen im Freien und in der Adolfstraße verstreut. Der Friedhof musste zur Beseitigung der schlimmsten Schäden kurzfristig schließen. Im März 1944 wurden bei einem Flächenbombardement entlang der Müllerstraße Krematorium und Friedhof erneut stark getroffen – ebenso wie das Kinderkrankenhaus, die Katholische Kirche an der Müllerstraße und das Paul-Gerhardt-Stift.[178]

Das Krematorium diente zwei Polizeiabschnitten zudem als Leichensammelstelle für Kriegsopfer. Viele der Bombenopfer wurden auch im Krematorium eingeäschert. In manchen Fällen, wenn viele der Bewohner eines Hauses einem Angriff zum Opfer gefallen waren, wurden die Aschen der Opfer auch als „Hausgemeinschaft" übergeben, nicht selten in Wäschebehältern, Holz- oder Kohlekisten. In solchen Fällen wurde auch eine gemeinsame Trauerfeier im Krematorium abgehalten.[179] Da das Polizeirevier zerstört war, wurden ab Januar 1945 keine Genehmigungen zur Einäscherung mehr erteilt, auch die zweite Leichenschau wurde nicht mehr vorgenommen. Ab Ende Januar fanden auch keine Trauerfeiern mehr statt. Zwischen dem 1. Januar und dem 1. April 1945 zählte man 143 Bombenangriffe. Die Einschläge und Explosionen waren rund um die Uhr zu hören, und in den letzten Kriegsmonaten nahm das Chaos so apokalyptische Ausmaße an, dass ein Mitarbeiter des Krematoriums sich an Dantes „Inferno" erinnert fühlte.[180]

Doch nicht nur Luftangriffe, sondern auch schweres Artilleriefeuer trafen Gebäude und Friedhof. Bei der sogenannten „Schlacht um Berlin" in den letzten Kriegstagen verlief die Hauptkampflinie mitten durch den Wedding entlang der Schul-, See- und Badstraße. Als die sowjetischen Truppen vorrückten und das hart umkämpfte Krematorium einkreisten, entledigten sich viele Wehrmachtssoldaten und Volkssturmkämpfer auf dem Friedhof ihrer Waffen und Ausrüstung und warfen sie zwischen die Grabsteine, bevor sie die Flucht ergriffen.[181] Als die Kampfhandlungen in Berlin am 2. Mai 1945 eingestellt wurden, war rund ein Drittel aller Weddinger Gebäude zerstört oder schwer beschädigt.

Abb. 85: Bombenschaden vom Angriff am 28. Januar 1944.
Zerstörte Westhalle, von der Plantagenstraße aus gesehen,
Foto: Otto Metzner

Abb. 86: Bombenschaden vom Angriff am 28. Januar 1944.
Zerstörter Leichenabstellraum an der Adolfstraße und
Einfahrt zum Wirtschaftshof (Plantagenstraße),
Foto: Otto Metzner

Das Krematorium Wedding im geteilten Berlin (1945–1989)

KRIEGSSCHÄDEN UND ERSTE AUFRÄUMARBEITEN

Nach dem Ende der Kampfhandlungen im Mai 1945 bot sich den Verwaltungsbeamten des Bezirks Wedding beim Betreten des Krematoriums und des Friedhofs ein Bild der Verwüstung. 75 Prozent der Grabsteine waren stark beschädigt oder zerstört, die Hälfte des Baumbestands war vernichtet: „Auf dem Wirtschaftshofe, in der Leichenhalle und auf dem Friedhof lagen noch etwa 53 Leichen von Wehrmachtsangehörigen, Volkssturmmännern und Zivilisten."[182] Auch 61 Tierkadaver lagen auf dem Gelände. West- und Osthalle waren so stark beschädigt, dass sie auf Monate nicht benutzt werden konnten, die drei im Keller gelegenen Verbrennungsöfen jedoch hatten die Kampfhandlungen unbeschadet überstanden.

Nachdem am 21. April 1945 der bis dahin ununterbrochene Betrieb des Krematoriums vorübergehend gestoppt wurde, nahm das Krematorium bereits am 3. Mai 1945 einen ersten Notbetrieb mit „Holzzwischenfeuerung" im Tag- und Nachtbetrieb wieder auf. Vorrang hatte die Beseitigung, Einäscherung und Notbestattung der auf Straßen, Plätzen, Höfen und auf dem Gelände von Krematorium und Friedhof herumliegenden Toten. Auch die Wiederherstellung der Leichenhalle und Kühlanlagen wurde wegen der warmen Jahreszeit vorrangig behandelt. Das Büro wurde notdürftig instand gesetzt und war für Angehörige bereits im Mai wieder zugänglich. Nach der Beseitigung von Blindgängern und ersten Aufräumarbeiten konnte im Juni auch der Friedhof wieder geöffnet werden, und die ersten Urnenbestattungen wurden durchgeführt. Obwohl beide Hallen wegen der Zerstörungen nicht genutzt werden konnten, fanden improvisierte Trauerfeiern statt, die mit Musikern, Rednern und Pfarrern in den notdürftig hergerichteten Warteräumen durchgeführt wurden. Erst im Oktober 1945 konnten nach Instandsetzung der alten Kuppelhalle dort auch wieder die ersten Trauerfeiern abgehalten werden.[183] Unter provisorischsten Bedingungen wurden zwischen Mai 1945 und März 1946 im Notbetrieb 11.367 Einäscherungen vorgenommen.[184]

Im Juli 1946 beging der Volks-Feuerbestattungsverein die 200.000ste Einäscherung in der Gerichtstraße. Der stellvertretende Oberbürgermeister Paul Schwenk (KPD) versprach dabei, das schwer beschädigte Krematorium wieder zur einer „Weihestätte" zu machen. Bei dieser Veranstaltung fand auch zum ersten Mal der Missbrauch des Krematoriums durch das NS-Regime öffentlich Erwähnung, die Tatsache, dass die Gestapo das Krematorium unter polizeilicher Eskorte zur Beseitigung von ermordeten Regimegegnern genutzt hatte und in Berlin-Wedding auch „sämtliche Opfer des 20. Juli 1944"[185] verbrannt wurden.[186] Als die Stadtverwaltung im Jahr 1950 eine Pressemitteilung mit der Einladung zur 225.000sten Einäscherung in der Gerichtstraße veröffentlichte, bot das dem „Kurier" Anlass zu einer kritischen Glosse. Krieg und Gewaltherrschaft hatten ihre Spuren hinterlassen, der Schrecken über das Grauen in den Vernichtungslagern, die von den Alliierten ein Jahr zuvor befreit worden waren, war im Nachkriegsdeutschland allgegenwärtig. Die Einäscherungstoten in derselben Weise zu behandeln wie den „50.000 Autobus, [der] vom Fließband rollt", sei eine Geschmacklosigkeit, die zu ernst sei, um ironisch behandelt zu werden: „Wir sollten alles tun, um eine Zeit zu überwinden, in der Menschen, auch wenn sie starben, nur Zahlen waren."[187]

Die Konfrontation mit der NS-Vergangenheit des Weddinger Krematoriums hatte begonnen, und erste Versuche der Aufarbeitung wurden unternommen. Die Gedenktafel für den jüdischen „Vater" des Krematoriums, Max Pauly, welche die Nationalsozialisten 1936 entfernt hatten, war unwiederbringlich verloren. Max Sievers [Abb. 87] aber, einem anderen Vorkämpfer der Feuerbestattung, der sich für das Krematorium Gerichtstraße eingesetzt und dort auch gesprochen hatte, wurde nun eine späte Ehrung zuteil. Sievers, der Vorstandsvorsitzender des Deutschen Freidenker-Verbandes gewesen war, wurde noch 1933 ausgebürgert, nachdem das NS-Regime alle Freidenkerverbände und -organisationen verboten hatte. Nach seiner Emigration beteiligte sich Sievers aus dem europäischen Ausland am deutschen Widerstand gegen das NS-Regime. 1940 wurde er in Belgien verhaftet, konnte danach aber zunächst nach Frankreich fliehen, wo er 1943 enttarnt, erneut verhaftet und nach Berlin gebracht wurde. Noch im selben Jahr wurde Max Sievers vom Volksgerichtshof unter dem Vorsitz von Roland Freisler wegen „Hochverrats" zum Tode verurteilt und am 17. Januar 1944 im Zuchthaus Brandenburg-Görden durch das Fallbeil hingerichtet. Verwandte und Bekannte von Sievers konnten nach Kriegsende ermitteln, dass die Urne mit der Asche des Widerstandskämpfers noch im Brandenburger Krematorium stand. Erst im Februar 1946 konnte seine Urne auf dem Friedhof an der Gerichtstraße beigesetzt werden. Der deutsche Freidenker-Verband, der sich erst im Jahr 1951 neu gründete, setzte sich für die Schaffung eines würdigen Denkmals ein, das auf der rechten Seite vor dem Hauptgebäude des Krematoriums aufgestellt und am 10. Februar 1952 eingeweiht wurde. 2004 wurde das Grab von Max Sievers zum Berliner Ehrengrab erklärt.[188] Ende 2011 wurde der mittlerweile stark verwitterte Gedenkstein vom Freidenker-Verband, Landesverband Berlin, neu in Auftrag gegeben und zur Eröffnung des neuen Kolumbariums vor dessen Haupteingang auf dem Urnenfriedhof Gerichtstraße aufgestellt.[189]

ARTHUR TSCHIRNER

Im Februar 1952, als der Gedenkstein für Max Sievers erstmalig aufgestellt wurde, konnte auch die stark beschädigte Westhalle wieder in Betrieb genommen werden. Am Totensonntag desselben Jahres wurde in Gegenwart des Bezirksbürgermeisters Walter Röber (SPD) auch das 40-jährige Jubiläum des Krematoriums begangen [Abb. 88]. Anlässlich des Jubiläums wurde eine „Geschichte des Krematoriums" in Auftrag gegeben, in der auch die NS-Geschichte aufgearbeitet

wurde und viele der ehemaligen Mitarbeiter dazu befragt wurden.[190] **[Abb. 89]** Betriebsleiter Mrotzek stellte zusammen mit seinem Kollegen Bode auch Nachforschungen zum ehemaligen Leiter des Krematoriums, Arthur Tschirner, an. Im Landesarchiv Berlin finden sich bei den Unterlagen zur Entnazifizierungsakte Tschirners mehrere eindringliche Schreiben und Belege für die vergebliche Suche der Beamten nach der Personalakte des ehemaligen Krematoriumsleiters, die letztlich erfolglos blieb. Die Tschirner-Akte blieb unauffindbar. Ein Archivmitarbeiter der Bezirksverwaltung Wedding beantwortete eine erneute Nachfrage durch das Krematorium mit dem Verweis darauf, dass das Bezirksamt Wedding die Personalakte Tschirners wohl der französischen Militärregierung übergeben habe, die diese im Rahmen des Entnazifizierungsverfahrens angefordert habe. Die Entnazifizierungsakte des NSDAP-Mitglieds Tschirner, in der die Mitarbeiter des Krematoriums ihrem ehemaligen Vorgesetzten den „besten Leumund" ausstellten und zu Protokoll gaben, dass Tschirner nur bei besonderen Anlässen die Parteiuniform getragen und nie versucht habe, seine Angestellten zu beeinflussen, gibt, wie die meisten Entnazifizierungsakten, naturgemäß wenig Aufschluss über Tschirners tatsächliche Beteiligung oder sein Mitwissen über die Einäscherung von politischen Gegnern im Krematorium. Dort ist aber vermerkt, dass Tschirner zwischen 1939 und 1943 zur Wehrmacht einberufen war. Im Juni 1950 stellte der Spruchausschuss Wedding eine Bescheinigung darüber aus, „dass der Entnazifizierungsantrag des Herrn Arthur Tschirner, geb. am 4.3.1893 in Posen, wohnhaft Berlin N 65, Seestr. 117, vom 31.8.1948 (Az.1230) am 5.11.1948 rechtskräftig befürwortet worden ist."[191]

Abb. 88: Ansprache des Bürgermeisters Walter Röber zur 40-Jahr-Feier des Krematoriums Wedding am Totensonntag 1952, Foto: Heinz Wunnicke

Abb. 89: Belegschaft im Januar 1950:
Hintere Reihe von links nach rechts: Herzog, Brenner, Belling;
mittlere Reihe: Fischer, Maintok, Wenzel, Ulrich, Kalanke, Lehre, Schnee, Abromeit;
vordere Reihe: Bode, Hönicke, Düring, Schleicher

NUTZUNG DURCH OSTBERLINER

Als die Volkshochschule Wedding in den 1950er Jahren Führungen durch das Krematorium Wedding anbot, stand dies ganz im Zeichen demokratischer Transparenz und Aufklärung, so sahen es wohl die Beteiligten. Das Angebot, das im Vorlesungsverzeichnis folgendermaßen angekündigt wurde – „Besichtigung der technischen Einrichtungen, Beobachtung einer Einäscherung" –, sorgte dennoch für Irritation. Für den „Tagesspiegel" etwa war es eine pietätlose Entweihung des Todes. Es sei etwas entschieden anderes, den Vorgang einer tatsächlichen Einäscherung zu bezeugen, als die Pyramiden zu betrachten oder in einem europäischen Dom die Gruft eines mittelalterlichen Herrschers zu besichtigen. „Während also oben in der Kapelle die Trauernden mit ihrem Schmerz fertig zu werden versuchen, soll eine Schar Nichtleidtragender den Heimgang des Toten technisch erleben. Nein, man kann ein Krematorium nicht besichtigen wie ein Heizkraftwerk."[192] Auch wegen der jüngsten Vergangenheit müsse man dem Tode „wieder den schuldigen Respekt" zollen, der ihm gebühre. Die Führungen fanden dennoch weiter statt, die VHS Wedding behielt sie bis in die 1980er Jahre im Vorlesungsprogramm.[193]

Der Missbrauch der Kremationstechnik durch die Nationalsozialisten hatte in der Nachkriegszeit keine Auswirkungen im Bereich der Feuerbestattung, in West-Berlin wuchs der Anteil der Feuerbestattung in der Nachkriegszeit sogar auf 40 Prozent. Aufgrund seiner starken Kriegsschäden aber war das Krematorium Berlin-Wedding in der Nachkriegszeit wesentlich schwächer ausgelastet als das Krematorium in Wilmersdorf. Erst 1954 konnten die schlimmsten Kriegsschäden am Krematorium Wedding beseitigt werden. In diesem Jahr wurde das gesamte Gebäude neu verputzt und auch der Innenhof umgestaltet.

Der Bezirk Wedding wurde nach der Unterzeichnung der Berliner Erklärung vom Juli 1945 durch die vier Siegermächte USA, England, Frankreich und die Sowjetunion dem französischen Sektor zugeschlagen. Auf den Betrieb des Krematoriums hatte dies keine praktischen Auswirkungen. Trotzdem machte sich die Teilung der Stadt in drei Westsektoren und den sowjetischen Sektor bemerkbar, was die Auslastung der beiden Krematorien in den Westsektoren anging. Denn nicht nur die schweren Kriegsschäden schränkten die Auslastung des Krematoriums Wedding im französischen Sektor ein. Zusätzlich wirkte sich ungünstig aus, dass der Wedding durch die Aufteilung der Stadt in vier Sektoren vom Stadtzentrum an die Peripherie gerückt und nun ein Randbezirk in der Nähe zum sowjetischen Sektor war, dessen Grenze die Bezirke Wedding und Mitte entlang der Bernauer Straße voneinander trennte. Eine dezidierte „Zweiteilung" in West- und Ost-Berlin war von den Siegermächten in dieser Form nicht vorgesehen, trotzdem wurde dies mehrheitlich so wahrgenommen. Diese Polarisierung ergab sich einerseits durch die Verbundenheit der drei West-Alliierten untereinander und andererseits durch die Grundstimmung bei der Mehrheit der Berliner in den drei Westsektoren, welche die West-Alliierten als Befreier „von den Russen" empfanden. Die Berliner Blockade durch die Sowjetunion und die anschließende Luftbrücke (1948), mit der die Alliierten die eingeschlossenen Westsektoren aus der Luft versorgten, verstärkten diese Wahrnehmung der westlichen Siegermächte als Schutzmächte und „Freunde".

Abb. 90: Festumzug anlässlich der 700-Jahr-Feier des Bezirks
Wedding im Juni 1951, Wagen des Krematoriums Wedding

Die Blockade bedeutete auch das Ende der Verwaltung der Stadt durch einen gemeinsamen Magistrat von Groß-Berlin, die Stadtverordnetenversammlung verlegte ihre Tagungen in den Westteil der Stadt, während sich im Ostteil ein von der SED bestimmter Magistrat formierte. Die Zweiteilung der Stadtverwaltung war damit vollzogen und wurde mit der Gründung der Bundesrepublik und der DDR im Jahr 1949 verfestigt.

Diese politische Stimmung mag neben den starken Kriegsschäden zur abnehmenden Beliebtheit des Krematoriums Wedding beigetragen haben. Im Klima des Kalten Krieges wirkte sich nun auch die Geschichte des „Roten Wedding" als ehemalige Hochburg der Arbeiterbewegung und der KPD negativ in der Bewertung des Bestattungsortes durch die West-Berliner Bevölkerung aus. Die erheblichen Kriegszerstörungen im gesamten Bezirk Wedding, der zu einem Drittel zerstört worden war, und die Nähe des Bezirks zum sowjetischen Sektor und zur späteren DDR trugen zudem zu einem stetigen Bevölkerungsrückgang im Wedding bei [Abb. 90].

Da das einzige Krematorium im sowjetischen Sektor, das alte Krematorium in Treptow (1913), im Zweiten Weltkrieg stark beschädigt worden war und erst 1952 in vereinfachten Formen wiederaufgebaut werden konnte, wurde das Krematorium Wedding in den Jahren nach dem Zweiten Weltkrieg verstärkt auch von Bewohnern aus der sowjetischen Besatzungszone genutzt – obwohl die Einäscherung von Angehörigen für sie durch die Wechselkurse der 1948 eingeführten Deutschen Mark und Mark Ost nun teurer wurde. Abgesehen von dieser praktischen Einschränkung konnten Ostberliner das Krematorium Wedding bis zum Bau der Mauer nutzen, Ost- und Westberliner konnten die innerstädtischen Sektorengrenzen in der Regel ungehindert überschreiten, auch wenn die DDR ab 1952 an den Straßen zu den Westsektoren verstärkt Personenkontrollen durchführte, um Fluchtverdächtige und Schmuggler aufzugreifen.

All diese Faktoren trugen zu der im Wedding rückläufigen Zahl von Einäscherungen bei. Im Jahr 1952 fanden pro Tag im Durchschnitt nur zwölf statt der 40 täglichen Trauerfeiern in den 1920er und 1930er Jahren statt.[194] Dieser Trend setzte sich nach dem Bau der Berliner Mauer im Jahr 1961 fort, als das größere Krematorium in bürgerlichen Wilmersdorf, das im britischen Sektor lag, dem Krematorium Wedding den Rang ablief.

TRAUERFEIER FÜR HANS FALLADA

Als im Krematorium Gerichtstraße am 13. Februar 1947 die Trauerfeier für Hans Fallada [Abb. 91] stattfand und Hunderte von Berlinern dem Dichter die letzte Ehre erwiesen, gab sich alles ein Stelldichein, was im späteren Kulturleben der DDR Bedeutung haben sollte. Die beiden Mitbegründer des Kulturbundes der Sowjetisch Besetzten Zone (SBZ) und späteren DDR, Paul Wiegler und der Johannes R. Becher, würdigten das Schaffen des Schriftstellers.[195] Der Dichter Johannes

R. Becher hielt die Trauerrede auf den erklärten Antifaschisten und Schöpfer des Romans „Kleiner Mann, was nun?". Auch war es Becher gewesen, der Fallada nach Kriegsende zurück nach Berlin geholt hatte, nachdem Fallada in Mecklenburg, dem kurz zuvor übernommenen Amt des Bürgermeisters nervlich nicht mehr gewachsen, einen Zusammenbruch erlitten hatte. Becher hatte sich bis zum Schluss für den umstrittenen und als schwierig geltenden Schriftsteller eingesetzt.

TRAUERFEIERN UND SED-PROPAGANDA – DER KALTE KRIEG

Anders als bei der Bestattung von Hans Fallada im Jahr 1947 machten sich in den Folgejahren bei einigen der prominenten Trauerfeiern im Krematorium Gerichtstraße die Verschärfung des politischen Klimas in der geteilten Stadt und der Kalte Krieg bemerkbar. Die SED missbrauchte Bestattungen und Trauerfeiern zu Propagandazwecken und benutzte diese Anlässe zur Agitation gegen die vermeintlichen „West-Berliner Faschisten" – ein Propaganda- und Kampfbegriff, den die SED bereits vor der Gründung der DDR (1949) nutzte, die sich mit ihrer Doktrin des „Antifaschismus" gegen alles wenden sollte, was den Vorstellungen des Regimes zuwiderlief. Unter massivem Druck der sowjetischen Besatzungsbehörden wurden KPD und SPD im Jahr 1946 in der Sowjetischen Besatzungszone zur SED (Sozialistischen Einheitspartei Deutschlands) zwangsvereinigt, in Berlin war nur der sowjetische Sektor davon betroffen. Ende Mai erlaubten die West-Alliierten die SED auch in den drei Westsektoren der Stadt, die Partei konnte nun in allen Sektoren politisch agieren.[196]

Ein Beispiel für die Instrumentalisierung einer Bestattung am Krematorium Wedding zu Propagandazwecken durch die SED war die Trauerfeier für den Eisenbahner Fritz Schönherr im Jahr 1952, der laut Berliner Chronik[197] einem Hirnschlag zum Opfer fiel.[198] Schönherr war zunächst KPD-Mitglied, er war nach 1933 in die Tschechoslowakei emigriert und als Widerständler nach Deutschland zurückgekehrt, wo er verhaftet und in Bautzen und Neubrandenburg inhaftiert wurde. Nach Kriegsende und Befreiung trat er im Jahr 1946 der SED bei und wurde Kommunalpolitiker in Charlottenburg, musste aber im Zuge des Kalten Krieges 1948 sein Amt des

Abb. 91: Hans Fallada (1893–1947)

Bezirksstadtrates aufgeben und fand dann eine Anstellung beim Reichsbahnausbesserungs-
werk Grunewald. Die Nacht vom 19. auf den 20. August 1952 verbrachte Fritz Schönherr in seiner
Laube in der Kolonie Fürstenbrunn in Charlottenburg, wo er am nächsten Morgen von seiner
Frau tot aufgefunden wurde. Da die Leiche zunächst von der Polizei in Charlottenburg beschlag-
nahmt wurde, sahen das „Neue Deutschland" und andere Ost-Berliner Presseorgane darin den
„Vertuschungsversuch" eines sogenannten „faschistischen Mordes".[199] Bei der Trauerfeier am
29. August 1952 kam es am Krematorium Wedding und am S-Bahnhof Humboldthain zu heftigen
Auseinandersetzungen zwischen vermutlich von der SED organisierten Demonstranten und
der West-Berliner Polizei, die laut dem „Neuen Deutschland" Tausende Trauergäste, die keinen
Einlass mehr fanden, in die Seitenstraßen abdrängte und brutal gegen die Demonstrierenden
vorging. Auch am Nettelbeckplatz und am Bahnhof Wedding kam es nach der Trauerfeier zu
Zusammenstößen.[200]

Als das „Neue Deutschland" im Jahr
1956 einen Artikel über den „Frontstadt-Terror" gegen Werktätige und
„friedliebende Berliner" publizierte,
die angeblich von den „Schlägern"
der West-Berliner Polizei „nach
faschistischer Manier" zusammen-
geschlagen wurden, fand sich in der
Liste der Vorfälle auch die Verhaftung von „35 Werktätigen" bei der
Trauerfeier für die Gewerkschafte-
rin, Frauenrechtlerin und ehemalige
Sozialdemokratin Luise Kähler **[Abb.
92]**, die nach 1945 der SED beitrat.[201]
Kähler verstarb am 22. September
1955 – hoch geehrt von der SED-Führung der DDR. Bei ihrer Trauerfeier
versammelten sich Arbeiter und
SED-Parteigenossen zu Tausenden
an der Gerichtstraße, und dort kam
es erneut zu Zusammenstößen
zwischen der Polizei und den Trau-
ergästen. Das „Neue Deutschland"
bemühte fast denselben Wortlaut
wie bei der Feier für Fritz Schönherr
und sprach von „Polizeiterror". Die
Zeremonie selbst wurde durch das

Abb. 92: Luise Kähler (1869–1955) beim 3. Parteitag der SED im Juli 1950,
Foto: H.G. Quaschinsky

Blatt so beschrieben: „Edith Baumann, Mitglied des Zentralkomitees und der Bezirksleitung Groß-Berlin der SED, würdigte das Lebenswerk der verdienten Arbeiterveteranin. Dann senkten sich die roten Fahnen der Arbeiterklasse. Der Chor stimmte das alte Arbeiterkampflied ‚Brüder, zur Sonne, zur Freiheit‘ an."[202]

DER 17. JUNI 1953 UND DIE FOLGEN – WOLFGANG RÖHLING

Beim Volksaufstand am 17. Juni 1953 zeigte der neu gegründete Staat DDR sein totalitäres Gesicht. Rund eine Million Menschen demonstrierten an diesem Tag in der DDR für bessere Lebensbedingungen, Freiheit, Demokratie und die deutsche Einheit. Ihre Hoffnungen wurden zerstört, als am Nachmittag sowjetische Panzer auffuhren und den Aufstand gewaltsam niederschlugen. Über 50 Menschen wurden getötet, Hunderte verletzt, Tausende verhaftet. Auch an den folgenden Tagen kam es zu Verhaftungen und Hausdurchsuchungen. Sowjetische Besatzer, ostdeutsche Sicherheitskräfte und Volkspolizisten arbeiteten dabei Hand in Hand.

Der Tod des 15-jährigen Berufsschülers Wolfgang Röhling [Abb. 93] durch einen Schuss in den Hinterkopf hatte nur indirekt mit dem 17. Juni zu tun, war aber ein Beleg für die extrem angespannte politische Lage in Berlin nach der gewaltsamen Niederschlagung des Aufstands. Am 22. Juni ging Röhling, wie immer, mit Freunden zum Baden an den Spandauer Schifffahrtskanal, auf der Westseite an der Heidestraße, etwa 80 Meter von der Ostgrenze entfernt. Als sich Röhling und seine Freunde bereits ausgezogen hatten, rief ihnen ein Volkspolizist der DDR von der anderen Seite zu, dass sie verschwinden sollten, und verbot ihnen, im Kanal schwimmen zu gehen. Davon unbeeindruckt und sich auf der Westseite in Sicherheit wähnend, riefen die Jugendlichen zurück und fingen an, Steine nach dem Vopo zu werfen. „Laut Lagebericht bei ‚Annäherung verdächtiger Personen an der Sektorengrenze‘",[203] feuerte dieser daraufhin 21 Schuss Munition auf die Jugendlichen ab, die zu spät merkten, wie ernst es dem Volkspolizisten mit seiner Warnung war, und die Flucht antraten. Einer der Schüsse traf den fliehenden Wolfgang Röhling in den Hinterkopf, als er bereits 100 Meter vom Kanalufer entfernt war. Er war sofort tot. Die Trauerfeier für Wolfgang Röhling am 30. Juni wurde auf dem Friedhof Gerichtstraße vom Stadtbezirk Wedding ausgerichtet, der Bezirksbürgermeister sprach, und Hunderte standen Spalier. Auf dem Friedhof Seestraße wurde Wolfgang Röhling in der Reihe der Opfer des 17. Juni zur Erinnerung eine Gedenkplatte gesetzt.[204]

Abb. 93: Wolfgang Röhling (1938–1953), Foto: A.P.

DAS ERSTE MAUEROPFER – IDA SIEKMANN

Ebenfalls an der Gerichtstraße eingeäschert wurde Ida Siekmann, das erste Opfer des Mauerbaus. Siekmann lebte 1961, im Jahr des Mauerbaus, an der Bernauer Straße 48. Während ihr Wohnhaus dem Bezirk Mitte angehörte, lag der Gehsteig vor ihrer Haustür im Westbezirk Wedding. Wie für viele andere Berliner, gehörte das tägliche Überqueren der Sektorengrenze auch für Siekmann zum Alltag. Das änderte sich abrupt, als die SED die Sektorengrenze am 13. August 1961 vollständig abriegeln ließ. Von einem Tag auf den anderen war die 58-jährige Ida Siekmann von Verwandten und Bekannten im anderen Teil der Stadt abgeschnitten. Als Bewohnerin eines Ost-Berliner Grenzhauses war Siekmann massiv von den einsetzenden Sperr- und Kontrollmaßnahmen betroffen. Ab dem 18. August begannen Sicherheitskräfte auf Weisung der SED, alle Tore und Türen, die auf Westberliner Gehsteige führten, zuzumauern oder zuzunageln und stattdessen neue Zugänge über die Höfe auf der Ostseite zu schaffen. In den Hausfluren kontrollierten Polizeieinheiten jeden, der ein Haus oder eine Wohnung betreten wollte. Diese Maßnahmen lösten unter den Bewohnern an der Bernauer Straße große Ängste aus, viele von ihnen sprangen in ihrer Not aus dem Fenster oder seilten sich ab, um in den Westen zu entkommen. Unten auf dem Gehweg versuchte die West-Berliner Feuerwehr, die Flüchtlinge mit Sprungtüchern aufzufangen. Am 21. August wurde auch das Wohnhaus von Ida Siekmann verbarrikadiert. Am nächsten Morgen warf Siekmann ihre Bettwäsche und andere Habseligkeiten in aller Frühe aus dem Fenster

Abb. 95: Krematorium Ruhleben, 1975

Abb. 96: Särge in Gewächshäusern im Januar 1970

ihrer Wohnung im dritten Stock. Noch bevor die West-Berliner Feuerwehr mit einem Sprungtuch herbeieilen konnte, sprang Siekmann, wohl aus panischer Angst, entdeckt zu werden, hinterher. Beim Aufprall zog sich Ida Siekmann so schwere Verletzungen zu, dass sie diesen noch auf dem Weg ins Lazarus-Krankenhaus erlag – einen Tag vor ihrem 59. Geburtstag.[205]

In West-Berlin löste dieser Vorfall eine Welle der Empörung aus, die sich in zahlreichen Presse-berichten über den tödlichen „Sprung in die Freiheit" niederschlug: „Ein Menschenleben haben gestern Ulbrichts brutale Maßnahmen gegen unsere Landsleute im Ostsektor Berlins gefordert", schrieb die „Berliner Morgenpost".[206] Dabei ließen die Berichte keinen Zweifel daran aufkommen, dass man die SED-Führung für den tragischen Todesfall verantwortlich machte. Im Krematorium Wedding wurde Siekmann eingeäschert, und dort wurde auch die private Trauerfeier ausgerichtet [Abb. 94]. Auf dem Urnenfriedhof in der Seestraße fand am 29. August 1961 unter großer Anteilnahme der West-Berliner Bevölkerung in Gegenwart des Bürgermeisters Willy Brandt die öffentliche Trauerfeier für Ida Siekmann statt. Vertreter von Bezirk, Senat und Bundesregierung sprachen der Schwester der Toten ihr Beileid aus.[207]

BERLIN BRAUCHT EIN DRITTES KREMATORIUM

Bereits im Jahr des Mauerbaus wurden in West-Berlin die Rufe nach einem dritten Krematorium laut. 1961 gab die Volksfeuerbestattung eine Schrift heraus, die ihre Forderung nach einem dritten Krematorium für Berlin mit statistischen Erhebungen und Befragungen der Beamten in den Krematorien Wilmersdorf und Wedding untermauerten. Beide Krematorien gaben dabei an, den Anforderungen nicht mehr in würdiger Weise gerecht werden zu können. Die Trauerfeiern müssten zwischen 7.30 Uhr und 19.30 Uhr im Halbstundentakt durchgeführt werden, um die rund 8000 Kremationen in Wilmersdorf und die rund 6000 Kremationen im Wedding bewältigen zu können.[208] Damit ergab sich eine Auslastung, die den Zuständen in den 1920er Jahren nahe-kam. Die Gründe hierfür waren die durch Abwanderung von Ost- nach West-Berlin in den Jahren vor dem Mauerbau angestiegenen Einwohnerzahlen in West-Berlin und die Überalterung der Bevölkerung.

Aus einem allgemeinen, bundesoffenen Bauwettbewerb für ein neues, drittes Berliner Krema-torium 1962/63 gingen die Architekten Jan und Rolf Rave als Sieger hervor [Abb. 95]. Und im Jahr 1968 verkündete der Berliner Senat per Pressemitteilung, dass mit dem Bau des neuen Krema-toriums auf dem Friedhof Ruhleben 1971 begonnen werde, da die beiden bestehenden Krematori-en in Wilmersdorf und Wedding so stark ausgelastet seien, dass die Särge in den Leichenhallen übereinandergestapelt werden müssten. Im Wedding seien deshalb bereits Erweiterungsmaß-nahmen und die Vergrößerung der Lagerflächen im Keller erfolgt,[209] dasselbe sei nun auch für Wilmersdorf geplant.[210]

BESTATTUNGSNOTSTAND IN WEST-BERLIN, 1969/70

Den endgültigen Beleg dafür, dass Berlin ein drittes Krematorium dringend benötigte, brachte dann der ungewöhnlich harte Winter 1969/70, der zusammen mit einer Grippewelle dafür sorgte, dass die Sterblichkeitsrate in Berlin im Dezember 1969 um 50 Prozent höher ausfiel als im Dezember des Vorjahres. Der Bestattungsnotstand erreichte im Januar 1970 seinen dramatischen Höhepunkt, am Silvestertag 1969 wurde die höchste Sterbeziffer seit 1945 erreicht. Das Krematorium Wilmersdorf konnte zeitweise keine Särge mehr annehmen, und das im Vergleich zum Krematorium Wilmersdorf wesentlich kleinere Krematorium Wedding musste ausgerechnet in dieser Krise ohne seinen dritten Brennofen auskommen, dessen überfällige Reparatur sich um Wochen verspätete – erst Ende Januar konnte der neu aufgebaute Ofen wieder in Betrieb genommen werden. In beiden Krematorien wurde im Dreischichtbetrieb auch an Sonn- und Feiertagen gearbeitet, die Särge mussten in den Krematorien gestapelt werden.

Bizarre Ausmaße erreichte die Krise, als die Särge aus Platzmangel ausgelagert werden mussten und auch die Bestattungsunternehmen und entsprechende Räume in den Krankenhäusern als Ausweichlager nicht mehr ausreichten. Die Särge wurden bei durchgehender Bewachung durch Polizeibeamte und Verwaltungsangestellte in Garagen, einer leerstehenden Halle der BVG in der Cyclopstraße in Wittenau, einer Halle in der Polizeikaserne Spandau, einer ehemaligen Feuerwache, in Gewächshäusern des Gartenbauamtes im Wedding und in der Wilmersdorfer Bezirksgärtnerei untergestellt [Abb. 96]. Ein alter U-Bahn-Tunnel am Sieversufer in Neukölln wurde bereitgehalten für den Fall, dass Tauwetter in den ungekühlten Notquartieren einsetzte. Der Weddinger Krematoriumsleiter Rudi Sieber kalkulierte damals, dass es bei den anhaltenden Sterberaten wohl „Frühling werde", bevor die Krise überwunden werden könne. Und das, obwohl das Krematorium Wilmersdorf den Weddinger Kollegen seinen vierten Verbrennungsofen und zusätzliches Personal zur Verfügung stellte, um den Betrieb im Wedding zu entlasten. Das Krematorium Wilmersdorf war zu dieser Zeit besser ausgestattet und erfreute sich nach wie vor größerer Beliebtheit in der Berliner Bevölkerung. Die West-Berliner zogen das bürgerliche Wilmersdorf dem Krematorium im ehemals „Roten Wedding" nahe der Mauergrenze vor. Im Jahr 1968 hatten sich 10.847 Menschen in Wilmersdorf bestatten lassen, gegenüber 8364 im Wedding.[211]

Um die Wiederholung einer so katastrophalen Situation wie im Winter 1969/70 zu verhindern und da absehbar war, dass das neue Krematorium Ruhleben erst Mitte der 1970er Jahre fertiggestellt werden würde, bewilligte das Abgeordnetenhaus Berlin im Januar 1970 eine Summe von 350.000 Mark für die Errichtung eines vierten Ofens im Wedding und den Ausbau der dortigen Kellerräume für die Aufbewahrung von Särgen.[212] In den 1980er Jahren, in denen die Lagerkapazität durch fortlaufende unterirdische Erweiterungen auf 300 bis 500 Stellplätze ausgebaut wurde, konnte auch die Modernisierung und Automatisierung des Krematoriums vorangetrieben werden. Zwischen 1982 und 1985 wurden die Öfen des Krematoriums erneuert. Vier moderne Etagenöfen und Filteranlagen der Firma Richter und Schädel wurden eingebaut, mitsamt einer neuen, manuell bedienten Sargeinfahrmaschine und einer Computeranlage zur Steuerung der Einäscherung. Die Kosten für diese Anlagen betrugen 5,8 Millionen Mark.[213] Am 1. April 1987 erfolgte in aller Stille die 500.000ste Einäscherung.

ARBEITSPLATZ KREMATORIUM – DIE ÄRA WITT (1985–1992)

Wie arbeitet es sich mit Tod und Trauer? Und wie verbindet man eine würdevolle Bestattungskultur mit modernster Technik und einer wirtschaftlichen Betriebsführung? Der ehemalige Leiter des Krematoriums Eberhard Witt (*1944) [Abb. 97] handelte diese Fragen während seiner Amtszeit von 1985–1992 aus. Bei einem Besuch im silent green im Sommer 2016 erzählte er von seiner Arbeit.

Der Wunsch nach beruflicher Veränderung führte Eberhard Witt 1985 in das Krematorium Wedding. Der ehemalige Leiter des Wohngeldamtes fand sich schnell in seinem neuen Posten zurecht. Auch die Leitung des Krematoriums war ein Amt, dem Bau- und Wohnungswesen zugehörig, und wie in jeder Behörde gehörten vor allem bürokratische Abläufe zur Tagesordnung: Verwaltung der Mittel, Personalführung, Antragstellung. Das Besondere und Neue aber war das Thema Tod – und in dieser Hinsicht kannte Witt keine Berührungsängste. Während seiner siebenjährigen Amtszeit setzte er sich für den Erhalt einer würdevollen Bestattungskultur ein und versuchte im Betriebsablauf stets Menschlichkeit und Wirtschaftlichkeit miteinander zu verbinden.

Tod und Trauer werden heute gesellschaftlich zunehmend ausgeblendet und verdrängt, für Witt und seine Mitarbeiter aber gehörten sie zum Berufsalltag: „Hier haben Sie das jeden Tag explizit wie in einem Brennglas vor Augen gehabt", erklärt Witt. Es gab viel zu tun: Im Krematorium Wedding wurden in den 1980er Jahren durchschnittlich etwa 30 Leichname pro Tag kremiert, die sogenannten „Verbrenner" arbeiteten im Dreischichtbetrieb bis in die Nacht hinein an den Öfen, und die Trauergemeinden fanden sich halbstündlich in der Kuppelhalle ein: „Es war ein ganz normaler Betrieb, das darf man nicht vergessen. Wir hatten immer zwischen acht- und zwölftausend Einäscherungen im Jahr, und das musste natürlich alles organisiert werden." Unter Witts Führung arbeiteten insgesamt bis zu 27 Mitarbeiter im Krematorium, darunter eine Dekorationsgärtnerin, Schichtleiter, Maschinenmeister, Hallenwärter, Verwaltungsangestellte und Handwerker. Trotz der hohen Auslastung des Krematoriums machte Witt eine würdevolle Trauerfeier stets zur höchsten Priorität. Er habe nie einen reinen Abfertigungsbetrieb leiten wollen: „Es wäre schlimm, wenn man einfach auf einen Knopf drückt, und der Sarg fährt dann irgendwo hin, die Leute gehen Kaffee trinken und kriegen dann die Asche mit. Das ist für mich kein Abschied."

Die Kuppelhalle war für Witt daher das Herzstück des Krematoriums: Ihr sakraler Charakter, der ihn immer beeindruckt hat, förderte seiner Ansicht nach eine stimmungsvolle Zeremonie. Die hohen Decken und die besondere Akustik hätten der Feier eine besonders andächtige Stimmung verliehen und ließen das Spiel des Organisten in voller Entfaltung erklingen. Die Trauernden sollten hier ungestört Abschied nehmen können. Die Belegschaft stellte sicher, dass die technischen Abläufe im Hintergrund unbemerkt und reibungslos verliefen. Auch die Anteilnahme gegenüber den Trauernden war Witt ein Anliegen. Ihren individuellen Wünschen versuchte er, so gut es ging, nachzukommen. Dazu gehörte die Verbrennung zu einer ganz bestimmten Uhrzeit, die Möglichkeit, dass der oder die Verstorbene ein bestimmtes Kleidungsstück oder sogar Schmuck bei der Einäscherung tragen durfte, oder auch ein Abschied am offenen Sarg: „Das sind Kleinigkeiten, die aber für die Angehörigen wichtig sind. Alles wurde unbürokratisch, aber nicht rechtswidrig gehandhabt." In einigen Fällen rief Witt sogar erneut den Leichenschauarzt hinzu, weil Angehörige fest davon überzeugt waren, der Verstorbene sei noch am Leben.

Für die Hinterbliebenen waren Witt und seine Mitarbeiter Ansprechpartner, Seelsorger und mitunter Schlichter zugleich: „Sie sehen menschliche Verhaltensweisen, die zum Teil nicht ganz so normal sind – sowohl positiv als auch negativ. Es gibt Trauernde, die mit dem Tod ‚gut klarkommen', es gibt aber auch solche, die sich schon im Vorraum lautstark gegenseitig bekriegen oder vollkommen zusammenbrechen." Nicht jeder ist dieser Aufgabe gewachsen: „Man muss schon eine bestimmte Persönlichkeitsstruktur mitbringen", glaubt Witt. „Wir hatten durchaus auch Bewerber, die sind nach einer gewissen Zeit gegangen, weil sie mit dem, was sie hier vorgefunden haben, mit dieser Konfrontation mit dem Leid, nicht zurechtkamen." Er betont: „Sie können zwar mitfühlen, aber sie dürfen natürlich nie mitleiden." Witt selbst gelang diese Unterscheidung, und er hat sich im Krematorium und im Kreis seiner Kollegen stets wohlgefühlt: „In einem Krematorium ist nicht alles so traurig, wie es sich in der Trauerhalle darstellt. Die Mitarbeiter haben ja ihr eigenes Leben, sind freundlich oder auch mal schlecht gelaunt, haben Geburtstag und feiern, sie haben auch so ihre Probleme – bloß können sie das natürlich nicht in die Feier tragen!"

Die Sensibilisierung seiner Mitarbeiter für solche Pietätsgrundsätze war eine von Witts Prämissen als Betriebsleiter. In der Routine der täglichen Arbeitsabläufe sollte der Respekt vor den Toten nicht verloren gehen: „Sie mussten schon darauf achten, dass Ihre Mitarbeiter immer daran denken, dass sie in einem Krematorium tätig sind und dass eine Urne eine Leiche darstellt. Das ist ja nicht nur Asche. Sie haben zu einer Urne bloß ein anderes Verhältnis, weil das abstrakter ist, als wenn sie einen Sarg vor sich haben. Aber es ist im Endeffekt das Gleiche. Sie müssen den

Mitarbeitern immer wieder klarmachen, dass wir im Grunde immer Leichname betreuen." Fehler und Nachlässigkeiten im Prozess der Einäscherung konnte Witt nicht tolerieren, da sie unumkehrbar waren. Eine der größten Ängste der Angehörigen bestand auch zu seiner Amtszeit noch darin, dass die Asche des Verstorbenen vertauscht wird: „Die Leute denken, dass wir da einen Berg Asche haben, und alle zwei bis drei Kilo sind ein neuer Leichnam." Eine Verwechslung oder Vermengung der Asche war durch die modernen Ofenanlagen aber ausgeschlossen und ist Witt zufolge im Krematorium Wedding nie vorgekommen. Um über die Feuerbestattung aufzuklären und um solche Ängste zu nehmen, gab Witt regelmäßig Führungen für Gruppen von Privatpersonen und für angehende Pathologen und Leichenschaumediziner: „Manche waren ein bisschen schockiert, weil die Öfen ja technische Anlagen sind. Das hat nichts Sakrales, da laufen eben Leute in blauen Anzügen rum und bedienen die Maschinen. Vielen hat das einen Schock versetzt, weil sie dachten, da haben alle schwarze Trauerkleidung an, und es läuft Orgelmusik im Hintergrund. Das war natürlich nicht der Fall! Das war eine technische Anlage, die entsprechend bedient wurde."

Im Allgemeinen erlebte Witt die gesellschaftliche Haltung gegenüber der Feuerbestattung aber als positiv. In den 1980er Jahren gab es sogar eine starke Bewegung, die sich für das Recht einsetzte, die Asche der Verstorbenen im eigenen Haus zu verwahren, wie das z. B. in den USA erlaubt ist. Davon hält Witt jedoch nichts: „Wenn jemand trauert, ist er zu diesem Zeitpunkt in einer bestimmten Phase. Aber ob er dann mit ‚Oma' auch zwei, drei Jahre später noch so pietätvoll umgeht, oder ob sie dann

nicht vielleicht doch irgendwo in eine Ecke gestellt wird … Ich finde, man sollte den Leichnam als Leichnam behandeln und ihm auch einen gewissen Respekt entgegenbringen. Und das ist zu Hause sicherlich nicht immer gegeben."

Doch auch auf dem Friedhof waren die Urnen nicht immer vor Missbrauch sicher. So quartierte sich die Kriminalpolizei Ende der 1980er Jahre in Witts Büro ein, um das angrenzende Friedhofsgelände zu beobachten. Kriminelle nutzten dort die Urnen in den Kolumbarien als Drogenverstecke. Erst als sie von der Überwachung Wind bekamen, stoppten sie ihre illegalen Geschäfte. Auch den Versuch eines nekrophilen Übergriffs hat es gegeben, der aber rechtzeitig verhindert werden konnte. Aus Erfahrung weiß Witt jedoch, dass Vandalismus auf dem Friedhofsgelände nicht nur auf Fremde zurückzuführen ist. Auch Angehörige, die noch Ressentiments hegen, lebten sie mitunter auf diese Weise aus. Eine Konsequenz dieser zunehmenden Grenzüberschreitungen war die Installation einer Überwachungskamera über dem Eingangstor zur Kuppelhalle.

Eberhard Witt erlebte während seiner Amtszeit zahlreiche Modernisierungsarbeiten, mit denen die Stadt sowohl auf die steigende Auslastung als auch auf strengere Umweltauflagen reagierte. Als vorletzter Leiter des Krematoriums Wedding war er auch noch an den Planungen für den Bau der unterirdischen Leichenhalle beteiligt, die in den 1990er Jahren errichtet wurde. Das vollautomatisierte Hochregalsystem machte das Krematorium Wedding zum modernsten Europas. Zugleich stand es wegen der maschinellen Abfertigung der Särge und Leichname in der öffentlichen Kritik. Witt hat die Würde der Bestattungsform jedoch noch nie von manueller Arbeit abhängig gemacht: „Solange die Feier, der Abschied, für die Angehörigen in Ordnung ist, habe ich mit neuer Technik keine Probleme."

Das Krematorium Wedding war bis zu seiner Schließung Ende 2002 ein Wirtschaftsunternehmen, das einen guten Ruf unter Bestattern und Angehörigen genoss und „schwarze Zahlen schrieb", resümiert Witt. Unter einigen Anwohnern allerdings hielten sich noch zu Witts Amtszeit hartnäckige Klagen, die das Krematorium schon seit seiner Gründungszeit begleiteten: Nachbarn beschwerten sich über Gerüche und dicken Ruß auf Fensterscheiben und Balkonen. Derartige Phänomene waren nach Witt jedoch rein psychologisch – die modernen Filteranlagen, die in den 1980er Jahren eingebaut worden waren, arbeiteten so fein und unterlagen so hohen Umweltschutzauflagen, dass das technisch unmöglich war. Dass solche Beschwerden in vorangehenden Jahrzehnten begründet waren, schließt er nicht aus: „Früher war es durchaus so, dass es

qualmte, rauchte, rußte und auch nicht ganz verbrannte Teile in der Luft schwebten." Diese Eindrücke hätten sich wahrscheinlich in den Köpfen der Anwohner fortgeschrieben.

Eberhard Witt ist stolz auf das, was er während seiner Amtszeit im Krematorium Wedding schaffen durfte. Es komme seinen eigenen Ansprüchen an eine würdevolle Bestattungskultur sehr nahe: „Ein sakral wirkender Bau, vernünftige Kolumbarien, oberirdische Grabstellen und eine gut funktionierende Technik unterhalb der Trauerhalle, mit der sichergestellt ist, dass Verwechslungen ausgeschlossen sind." Nach fast einem Jahrzehnt im Krematorium würde sich Witt immer auch selbst für die Einäscherung entscheiden – allein schon aus ästhetischen Gründen: „Wenn Sie mal gesehen haben, was bei einer Exhumierung passiert, was in der Erde ist ... Also dann ziehe ich eine Einäscherung vor! Nach zehn, fünfzehn Jahren ist das Produkt das Gleiche."

Linda Winkler

DAS URNENMUSEUM

In den 1980er Jahren wurde ein kleines, deutschlandweit einzigartiges Urnenmuseum im Krematorium Berlin-Wedding eingerichtet. Es zeugte von Vielfalt und Wandel der Bestattungskultur im Bereich der Feuerbestattung. Die Sammlung von Schmuckurnen und Aschenkapseln aus Deutschland und aller Welt war bereits Anfang der 1950er Jahre auf Initiative des Krematoriumsmitarbeiters Bode angelegt worden [Abb. 98].[214] Im Herbst 1954 wurde im Obergeschoss in einem der Seitenflügel in den Kolumbarien ein Abschnitt für die Sammlung reserviert [Abb. 99], auf Anfrage war sie auch dem Publikum in dieser Zeit schon zugänglich.[215] Dass dieser Urnensammlung ein so großzügiger Platz eingeräumt wurde, war auch durch die im Vergleich zum Krematorium Wilmersdorf geringere Auslastung des Krematoriums Berlin-Wedding in den 1950er und 1960er Jahren möglich geworden, als das älteste Krematorium Berlins durch seine Nähe zu Ostberlin an Attraktivität verlor. In den 1970er Jahren stieg die Auslastung des Krematoriums wieder stark an, und so wurde die Sammlung aus Platzgründen „in einen kleinen Abstellraum" verbannt, wo die Urnen übereinandergestapelt wurden.[216] Auf Initiative des Friedhofsleiters, Herrn Mehls, wurde die Sammlung in den 1980er Jahren, als das neue Krematorium Ruhleben die Einäscherungsanlagen im Wedding und in Wilmersdorf entlastete, wieder in angemessener Weise präsentiert. Um möglichst viele der seltenen Urnen zur Schau stellen zu können, wurden moderne Glasvitrinen angefertigt, und die Sammlung erhielt im 1. Obergeschoss des rechten Seitenflügels ihren endgültigen Platz [Abb. 100].

Die Bandbreite der internationalen Sammlung reicht von Aschenkapseln aus Pappe oder aus einer umfunktionierten Panzerfaust (Leipzig, nach 1945) bis hin zu wertvollen Schmuckurnen aus Marmor oder Porzellan. Zu den seltenen Exemplaren gehören die älteste Urne der Sammlung, eine Hausurne aus der späten Bronzezeit (800–1000 v. Chr.), die bei Grabungsarbeiten in Brandenburg gefunden wurde, eine Porzellanurne aus Japan (1951) [Abb. 101] und eine grüne Kofferurne aus Mexiko, bei der die Asche in ein kleines Säckchen aus Seide gefüllt worden war. Viele Urnen der Sammlung sind bei einer Überführung von anderen Friedhöfen oder aus anderen Ländern zur erneuten oder ersten Beisetzung eingeliefert worden, oder aber sie wurden dem Krematorium per Post, Luftfracht oder auf dem Seeweg zugestellt. In die Sammlung gelangten sie, weil sie in Form, Größe oder Material oft nicht dem Berliner Friedhofsgesetz entsprachen und eine Umschüttung der Asche in eine andere Urne vorgenommen werden musste, die den gesetzlichen Vorschriften entsprach.[217]

Das Urnenmuseum, das keine geregelten Öffnungszeiten hatte, aber auf Anfrage besichtigt werden konnte, bestand auch nach der Schließung des Krematoriums fort, als das Hauptgebäude mit seinen Kolumbarien im Untergeschoss und in den Seitenflügeln noch als Urnengrabstätte diente. Bei der Umbettung aller verbliebenen Urnen im Dezember 2011 in das neue Kolumbarium auf dem Friedhof wurde das Urnenmuseum aufgelöst. Seine Bestände wurden in das Straßen- und Grünflächenamt des Bezirks Mitte geschafft.

Abb. 98: Mitarbeiter Bode und Urnensammlung,
Foto: H. von der Becke

Abb. 99: Sammlung in den 1950er Jahren,
Foto: H. von der Becke

Abb. 100: Einrichtung des Urnenmuseums seit den 1980er Jahren, hier: Ausstellungseröffnung „Urnen aus aller Welt" (2007)

Abb. 101: Japanische Porzellanurne, 1951, Foto: H. von der Becke

Neubau und
Schließung
(1989–2002)

NACH DEM MAUERFALL – DIE KREMATORIEN WILMERSDORF UND TREPTOW

Mit den vier modernen Etagenöfen und Filteranlagen der Firma Richter und Schädel, die in den 1980er Jahren eingebaut wurden, konnte die technische Einrichtung des Krematoriums Wedding auf den neuesten Stand gebracht werden. Da auch die Filteranlagen vollständig erneuert wurden, gehörten die Beschwerden von Anwohnern über die Belästigung durch Ruß oder andere Rückstände aus dem Schornstein, die angeblich eine Staubschicht auf den Balkonen hinterließen, nun weitgehend der Vergangenheit an. Auch wenn es immer wieder zu vereinzelten Beschwerden kam. Cornelia Gräser-Becker, die letzte Leiterin des Krematoriums (1992–2002), erinnert sich, dass es einmal aus den Mietshäusern der Nachbarschaft eine Beschwerde über eine „verkohlte Kranzschleife" gab, die angeblich auf einem Balkon gelandet sei. Da alle Särge in einem eigenen „Entschmückungsraum" vor der Einäscherung von jeglichen Kränzen, Blumen und sonstigem Schmuck befreit wurden, habe sie dies als besonders absurd empfunden. Gebeten, die Kranzschleife als Beweisstück bei der nächsten Gelegenheit mitzubringen, meldete sich der beschwerdeführende Mieter nie wieder. Im Fall des Krematoriums Wedding wirkte sich die Tatsache, dass es als einziges der Berliner Krematorien mitten in einem dicht besiedelten Wohngebiet lag, sicher begünstigend auf diese Art der Legendenbildung aus. Als „urban myths" haben sich solche Geschichten verselbstständigt. Die Anekdote illustriert zudem ein Problem der Feuerbestattung, das sich heute kaum anders darstellt als zu Beginn ihrer Geschichte: die Verbannung des eigentlichen Einäscherungsvorgangs aus der Sichtbarkeit und das generelle Unwissen über die Vorgänge bei der Feuerbestattung – trotz der Führungen, die mittlerweile in vielen Krematorien durchgeführt werden. Trauer und Technik sind auch heute noch strikt voneinander getrennt, und der Zutritt zu den Bereichen, in denen sich die eigentliche Verbrennung abspielt, ist nur wenigen Eingeweihten vorbehalten.

Nicht nur die Beschwerden über Ruß und Rauch wurden durch die moderne Ausstattung gegenstandslos. Auch die Kremationszahlen konnten jährlich auf mehr als 6000 erhöht werden, um einen erneuten Bestattungsnotstand, wie er 1970 auftrat, abzuwenden. Mauerfall und deutsche Wiedervereinigung ließen trotzdem weitere Neubauten notwendig erscheinen. Im Jahr 1990 wurde die Schließung des veralteten Krematoriums in Wilmersdorf beschlossen, da die Kapazitäten in Berlin mit dem modernisierten und erweiterten Krematorium Wedding und dem 1975 errichteten Neubau in Ruhleben abgedeckt schienen.

Nach dem Mauerfall stand Berlin im Ostteil der Stadt in Treptow zunächst ein weiteres Krematorium zur Verfügung. Ein Jahr nach der Eröffnung des Krematoriums Berlin-Wedding wurde 1913 am Baumschulenweg das zweite Krematorium Berlins eröffnet. Diese zweitälteste Verbrennungsanlage Berlins wurde im Zweiten Weltkrieg stark beschädigt und in den Jahren 1950 bis 1952 in stark vereinfachter Bauweise wiedererrichtet. Im Jahr 1992 stellte die Stadt fest, dass das Krematorium am Baumschulenweg extrem schadstoffbelastet war, über keine Filteranlagen verfügte und einen so hohen Dioxinausstoß jenseits aller zugelassenen Grenzwerte aufwies, dass es geschlossen werden musste. Der Berliner Senat beschloss, anstelle des alten Krematoriums

einen Neubau zu errichten, und schrieb einen internationalen, „geschlossenen" Wettbewerb aus,[218] den das renommierte Büro Schultes Frank Architekten im Jahr 1992 gewann. 1994 erfolgte die Stilllegung, 1995 der Abriss des alten Krematoriums am Baumschulenweg. Ab 1996 wurde der Neubau errichtet, der nach etlichen Verzögerungen im Jahr 1999 eröffnet werden konnte **[Abb. 102]**.

BAU DER UNTERIRDISCHEN LEICHENHALLE

Als die Entscheidung zur Schließung des Krematoriums am Baumschulenweg getroffen war, ging im Bezirk Wedding mit dem Hinweis auf die Lage in Treptow eine Anfrage des Senats über eine mögliche Erweiterung der Kapazitäten ein. Die bevorstehende Schließung des Ost-Krematoriums, die Wiedervereinigung und der zu erwartende Bevölkerungsanstieg in Berlin ließen es nur folgerichtig erscheinen, dass das ohnehin schon überlastete Krematorium Wedding seine Kapazitäten erheblich würde erweitern müssen. Der Bezirk reagierte rasch, erstellte zunächst ein entsprechendes „Bedarfsprogramm" und anschließend einen detaillierten Plan über den Bau einer computergesteuerten, vollautomatischen unterirdischen Leichenhalle auf dem Gelände des Krematoriums.[219] Gegenüber der damaligen Kapazität von maximal 500 Särgen, die im Untergeschoss des Altbaus Platz fanden, sollten in dieser neuen Halle Stellplätze für über 800 Särge eingerichtet werden.

Als Standort für die unterirdische Parentationshalle (Leichenhalle) war der ehemalige Urnenhain vor dem Hauptgebäude des Krematoriums vorgesehen, der 1991 aufgelassen und in eine Wiese umgewandelt worden war.[220] Dort begannen nach Genehmigung der Planungsunterlagen im Januar 1994 die Bauarbeiten **[Abb. 103, 104, 105, 106]**.[221] Bis April 1996 entstand unterhalb dieser Wiese ein vollautomatisiertes Sarglager mit Platz für 817 Leichen. Die Arbeiten waren ein Spektakel, das oft viele Schaulustige anzog, die sich darüber wunderten, dass die Baugrube permanent mit Grundwasser gefüllt war. Bei der Fertigstellung der Betonsohle kamen Unterwasserbeton und Bautaucher zum Einsatz, die von zwei schwimmenden Inseln aus die Betonierungsarbeiten unter Wasser durchführten.[222]

Abb. 103, 104, 105, 106: Bau der
unterirdischen Leichenhalle, 1994–1996

Nach Fertigstellung der Betonhalle im April 1996 hatte der Bau insgesamt weit mehr als 21 Millionen Mark verschlungen, inklusive Innenausbau, Computertechnik und Software für die komplizierte Logistik des Sargtransportes. Das Architekturbüro Fricker und Krampitz war mit dem Bau beauftragt worden, aber die Architektur war in dieser 800 Quadratmeter[223] großen funktionalen Betonhalle eher nebensächlich, denn im Inneren herrschte die Logistik. Für den technischen Innenausbau war der Logistikkonzern PSB verantwortlich, der auf vollautomatische Hochregallagersysteme spezialisiert ist. Und genau dies war die unterirdische Leichenhalle: ein computergesteuertes Hochregallager für Leichen und Särge. Es war die modernste Anlage ihrer Art in Europa, eine vollautomatisierte Leichenhalle, die den menschlichen Kontakt mit dem Sarg auf ein Minimum reduzierte. Nachdem der Sarg im Annahmebereich nahe der Zufahrtsrampe mit einer Nummer registriert und in das Computersystem eingegeben wurde, war der weitere Ablauf weitgehend automatisiert. Die Särge wurden über ein computergesteuertes Roll- und Förderbandsystem in die Kühlhalle (Durchschnittstemperatur: 0–5 Grad) transportiert. Dann beförderte ein Roboter, der sogenannte „Regalförderer" [Abb. 107], die Särge zu den vorgesehenen Stellplätzen, entweder zu den 300 „Einzelstellplätzen" oder in den sogenannten „Kompaktstellbereich" mit über 500 Stellplätzen. In beiden Bereichen standen die Särge in vier Etagen übereinander. Dem Gerichtsmediziner standen in der Pathologie der Halle elf Seziertische für die gesetzlich vorgeschriebene zweite Leichenschau zur Verfügung. Die Särge wurden zum vereinbarten Termin automatisch in die Pathologie geliefert, und per Knopfdruck konnte der Mediziner die Leichen nach der Untersuchung für die Einäscherung freigeben.[224] Die zweite Leichenschau wurde erstmals im Feuerbestattungsgesetz von 1934 gesetzlich bindend. Da die Feuerbestattung den Leichnam und mit ihm alle Hinweise auf ein mögliches Verbrechen unwiederbringlich vernichtete, machte das Gesetz die zweite amtsärztliche Untersuchung vor der Feuerbestattung zur Pflicht. Direkt nach dem Ableben wird die erste Leichenschau meist vom Hausarzt oder Krankenhausarzt durchgeführt, dabei wird auch der Totenschein ausgestellt. Neben der sicheren Feststellung des Todes dient die Leichenschau der Feststellung der Todesursache sowie der Identifizierung der Todesart und übertragbarer Erkrankungen. Bei der zweiten Kremationsleichenschau, die im Krematorium Berlin-Wedding von einem Arzt des Landesinstituts für soziale und gerichtliche Medizin und einem Assistenten durchgeführt wurde, waren „die Überprüfung der Angaben zur Todesursache und darauf basierend die Qualifikation der Todesart bei der primären Leichenschau von besonderer Bedeutung".[225]

Der unterirdische Transport zu den Verbrennungsöfen im Altbau, zum Sargaufzug, zur Feierhalle oder in den Bereich, in dem die Särge vor der Einäscherung „entschmückt" wurden, erfolgte in einem „Fahrerlosen Transportsystem" (FTS) über zwölf sogenannte „Satelliten" – kleine, ferngesteuerte Wagen, die über ein elektromagnetisches Leitsystem (Induktionsschleifen) durch das Gebäude gelenkt wurden [Abb. 108]. Die einzigen umfänglicheren Eingriffe durch das Personal bestanden in der Entfernung aller Beschläge und Metallteile des Sarges unmittelbar vor der Kremation und in der Entfernung aller Metallteile aus der Asche nach der Einäscherung, die ebenfalls per Hand erfolgte.

Abb. 107: Regalförderer und Sargstellplätze
in der Leichenhalle

Abb. 108: Sargtransport auf einem
„Satelliten" des FTS

Die Kapazität des Krematoriums stieg durch den Neubau erheblich. Etwa 60 bis 80 Särge konnten täglich per Leichenwagen über die Rampe an der Adolfstraße eingeliefert werden, im Schnitt verblieben diese sieben bis acht Tage in der Kühlhalle. In der Pathologie wurden täglich etwa 20, in Hochzeiten bis zu 50 Leichenschauen durchgeführt. Mit der neuen Halle konnte nun „Volllast" gefahren werden. Statt der vorher erfolgten durchschnittlich 24 Verbrennungen am Tag konnten nun bis zu 38 Verbrennungen täglich stattfinden, bei einer Fünftagewoche im Dreischichtbetrieb zwischen neun und 10.000 Verbrennung jährlich. 1997 wurden sogar 10.267 Einäscherungen durchgeführt, 1998 waren es 9.988 Kremationen **[Abb. 109]**.

Die Presseberichterstattung zur Eröffnung der hochmodernen Anlage war nicht eben freundlich, erinnert sich Bernd Schimmler, der damals Baustadtrat im Bezirk Wedding (1992–2000) war. Insbesondere nach einem Bericht in der „Bild"-Zeitung standen die Telefone bei ihm nicht mehr still. „Berlins neues Roboter-Leichenhaus", titelte das Boulevardblatt: „Eine wahr gewordene Horror-Vorstellung. Wenn wir so mit unseren Toten umgehen (… müssen?), wie werden wir dann bald mit den Lebenden verfahren?"[226]

Diese Frage stellte sich dem Architekten Karl-Heinz Fricker nicht. „Moderne technologische Kultur" spiegele sich „eben auch in der Sterbekultur wider", wie er beim Presserundgang im Mai 1996 den Journalisten sagte.[227] Auch für Bernd Schimmler war die Anlage nicht pietätlos, die Vorteile hätten überwogen. Die Mitarbeiter waren vorher immer dem starken Temperaturgefälle zwischen Kühl- und Ofenbereich ausgesetzt gewesen, dies falle nun weg. Auch konnte durch die moderne Technik Personal eingespart werden. Das Krematorium kam mit 25 Mitarbeitern aus, und das trotz hoher Einlieferungs- und Einäscherungsquoten. Auch die Wartezeiten im Krematorium hätten sich verkürzt, vorher sei man heillos überlastet gewesen.[228]

NEUE ÖFEN

Bei diesen Neuerungen blieb es nicht. In den 1980er und 1990er Jahren waren durch die ständigen Änderungen in der Bundesemissionsschutzverordnung, in der die Grenzen für Schadstoffausstoß und Umweltbelastung festgelegt waren, Umbauten und Nachrüstungen notwendig, die insbesondere die Verbrennungs- und Filteranlagen betrafen. Im Jahr 1997 wurde eine neue Umweltverordnung erlassen, die eine Erneuerung der vier Etagenöfen zwingend machte, da die neuen, strengeren Grenzwerte mit der alten Anlage nicht mehr eingehalten werden konnten.

Die Firma Richter und Schädel sollte in den Jahren 1999 bis 2001 die komplette Erneuerung der vier Etagenöfen und der Filteranlagen durchführen. Dabei sollten die Öfen paarweise erneuert werden, damit der Betrieb aufrechterhalten werden konnte. 1999 wurden aus diesem Grund nur zwei Öfen betrieben, deswegen wurden in diesem Jahr nur 3600 Kremationen durchgeführt.[229]

Abb. 109: Feuerbestattung im
Krematorium Wedding, 1998

Die Baumaßnahmen mussten zudem sehr zügig vorangetrieben werden, da die Emissionsschutz-verordnung nur eine Übergangsregelung war, bevor die neuen Grenzwerte, die mit den alten Öfen nicht einzuhalten waren, im Mai 2000 endgültig rechtskräftig werden würden. Die Lage war 1999 im Krematorium-Wedding auch deshalb angespannt, weil sich die Bauarbeiten für das neue Krematorium in Treptow immer weiter verzögerten und trotz der Einschränkungen im Wedding „Volllast" im Dreischichtbetrieb gefahren werden musste, auch an Wochenenden und Feiertagen. Im August 2001 wurde der dritte erneuerte Ofen in Betrieb genommen, die Modernisierungsar-beiten waren damit abgeschlossen. Zur Erneuerung des vierten Ofens kam es nicht mehr, denn zum Erstaunen der Bezirksverwaltung Wedding und der Krematoriumsleitung wurde nun bereits die Schließung des gerade noch modernisierten Krematoriums diskutiert.

DIE SCHLIESSUNG

Bereits im Frühjahr 2001 wurde erstmals publik, dass eines der drei Berliner Krematorien wegen der allgemein geringen Auslastung würde schließen müssen. Mit der Eröffnung des Krematori-ums in Treptow waren seit 1999 in Berlin 32.000 Einäscherungen jährlich möglich. 26.500 Berliner starben in diesem Jahr und sollten feuerbestattet werden, aber nur 19.700 von ihnen wurden in einem der Berliner Krematorien eingeäschert. 6800 Tote wurden von den Bestattern wegen der hohen Berliner Gebühren zur Einäscherung nach Brandenburg, Mecklenburg-Vorpommern oder Tschechien gebracht. Dass es nun ausgerechnet das Krematorium Wedding treffen sollte, hielt die damalige Leiterin des Krematoriums Wedding, Cornelia Gräser-Becker, für absurd an-gesichts der kostspieligen Modernisierungen, die gerade erst abgeschlossen waren. Auch sei die Auslastung im Wedding zu dieser Zeit gut gewesen. In dieser Beziehung stand das Krematorium Baumschulenweg, das seit seiner Eröffnung mit technischen Schwierigkeiten zu kämpfen hatte, viel schlechter da. Hans-Georg Büchner, der damals Referatsleiter für die Friedhöfe bei der Ber-liner Senatsverwaltung war, schätzte die Situation aber realistisch ein, als er sagte, der Senat würde wohl kein Krematorium schließen, das erst vor zwei Jahren eröffnet habe. Auch er würde am ehesten empfehlen, Wedding zu schließen, das sei aber nur eine Empfehlung.[230] Warum er Ruhleben ausschloss, sagte Büchner eher indirekt, als er in einem anderen Interview auch den Standort des Krematoriums Wedding zum Thema machte. Es sei das einzige der drei Krematori-en, das mitten in einem Wohngebiet liege und damit einen „Standort-Nachteil" habe.[231] Zudem sei es unwirtschaftlich, 4,25 Millionen Mark Einnahmen stünden jährlichen Kosten von 16,65 Mil-lionen Mark gegenüber – eine Rechnung, die den Aussagen von Cornelia Gräser-Becker und Bernd Schimmler widerspricht. Beide machten wiederholt geltend, dass das Krematorium bis zum Schluss „schwarze Zahlen" geschrieben habe.[232]

Doch nicht nur der Standort wurde zulasten des Krematoriums Wedding ausgelegt, sondern auch die Erneuerung des dritten Ofens, die den Bezirk 3,2 Millionen Mark gekostet hatte, obwohl der Senat sich damals ausdrücklich gegen die Modernisierungen ausgesprochen habe. Nach der Fusion der drei Bezirke Wedding, Mitte und Tiergarten im Jahr 2001 kamen plötzlich die „Altlasten" aus dem Bezirk zur Sprache, zu denen auch die Erneuerung des dritten Ofens gehörte. Der Streit darüber wurde öffentlich ausgetragen: Die CDU warf dem Bezirk Misswirtschaft vor, weil dieser den Ofen eigenmächtig und entgegen der Senatsempfehlung erneuert hatte und die Kosten erst aus dem eigenen Etat bestritten, dann aber dem Berliner Senat in Rechnung gestellt habe.[233] Diesem Vorwurf stand die Meinung des damaligen Bezirksbürgermeisters Hans Nisblé und des ehemaligen Baustadtrates Bernd Schimmler entgegen. Dieser argumentierte, dass nur mit der Erneuerung des dritten Ofens ein wirtschaftlicher Betrieb im Wedding möglich gewesen sei, zumal die Modernisierung schon längst angestoßen worden war und nun zu Ende geführt werden musste.[234] Zudem habe man die neuen Öfen wegen der schärferen Emissionschutzverordnung erneuern müssen, die 2000 rechtskräftig wurde. Mit den alten Öfen wären die neuen Grenzwerte nicht einzuhalten gewesen, man hätte daher keine andere Wahl gehabt. Das Krematorium habe die Kapazität auch deswegen erhöhen müssen, weil das Treptower Krematorium nicht rechtzeitig fertiggestellt worden sei und auch nach seiner Eröffnung nicht richtig funktioniert habe.[235] Darüber sei die Bezirksverordnetenversammlung regelmäßig informiert worden. Mit seinen Bedenken hinsichtlich der Modernisierungen habe sich der Senat zudem erst nach Baubeginn für den dritten Ofen gemeldet.[236] Während die SPD im Bezirk Mitte einen Untersuchungsausschuss zu dem Thema einrichtete, forderte der Senat die Investition von 3,2 Millionen Mark plus Zinsen vom Bezirk Wedding zurück, da diese nicht genehmigt worden sei.[237]

Die Zeichen standen nicht eben günstig für den Erhalt des Krematoriums Wedding. Und so wurde schließlich am 19. Februar 2002 von der Bezirksverwaltung Mitte die Stilllegung des Krematoriums Wedding beschlossen. Das Krematorium sei defizitär, außerdem könne man auf diese Weise Personalkosten von etwa 450.000 Euro einsparen – durch die Streichung der 20 Stellen im Wedding.[238] Die Schließung, so Dorothee Dubrau (Bündnis 90/Die Grünen), damalige Bezirksstadträtin für Stadtentwicklung in Mitte, sei alternativlos. Die gute Auslastung im Wedding habe allein mit den technischen Problemen am Baumschulenweg zu tun. Trotz der inklusive Zinsen 3,5 Millionen Mark, die der Bezirk noch für die Ofensanierung abzahlen müsse, würde eine Schließung des Krematoriums langfristig eine massive Einsparung bedeuten, zumal auch die jährlichen Unterhaltskosten sehr hoch seien.[239] Zur Sanierung des dritten Ofens durch das Bezirksamt Wedding hatte Dubrau ihre eigene Ansicht: „Das war damals ein Beschluss des Bezirksamtes Wedding, die davon ausgegangen sind, dass sie durch den Einbau der Öfen ihr Krematorium auf die Zukunft retten können." Das Problem sei aber, dass der Haushalt des Bezirks Mitte deswegen nun mit 3,5 Millionen Mark Schulden belastet sei. „Aufgrund der Überkapazitäten in Berlin muss ein Krematorium geschlossen werden, und da ist das im Wedding das Unwirtschaftlichste."[240] Die Mitarbeiter sollten dabei nach Möglichkeit umverteilt werden.

Die meisten Mitarbeiter des Krematoriums erfuhren von der bevorstehenden Schließung des Krematoriums zuerst aus der Zeitung. Der Belegschaft war diese Entscheidung des Bezirks kaum zu vermitteln, zumal gerade erst alles renoviert worden war und von einer mangelnden Auslastung nichts zu spüren war, ganz im Gegenteil.[241] Dass der repräsentative Monumentalbau von Axel Schultes in Treptow bereits Monate vor dem Beschluss, das Krematorium im Wedding zu schließen, zu einem akuten Sanierungsfall geworden war und im Wedding Hochbetrieb herrschte, als die Mitarbeiter von der Schließung ihre Hauses zum 1. Januar 2003 erfuhren, gehört zu den zahlreichen Ironien der Geschichte um die Schließung des Krematoriums an der Gerichtstraße.

Wie ebenfalls erst im Februar 2002 bekannt wurde, funktionierten zwei der drei Öfen in der über 60 Millionen Mark teuren Anlage in Treptow seit November 2001 nicht mehr, es konnten keine Särge mehr angenommen werden.[242] Zu den zahlreichen weiteren Mängeln am Baumschulenweg zählten defekte Computeranlagen, ein undichtes Dach und ein Absinken des ganzen Bauwerks. Zum Jahresbeginn 2002 wurde das monumentale Prestigeobjekt, das im Vorjahr mit dem Deutschen Architekturpreis ausgezeichnet wurde, komplett stillgelegt,[243] während das Krematorium Wedding in den Jahren 2001 und 2002 an seine Kapazitätsgrenzen stieß, um den Sanierungsfall aufzufangen. In Treptow wurden derweil alle drei Ofenanlagen erneuert, Mitte Mai sollte der Bau mit dem ersten neuen Ofen wiedereröffnen, im August sollten die restlichen Öfen folgen.[244]

Die ganze Misere der „jahrelangen Fehlplanungen", wie Uwe Aulich in der „Berliner Zeitung" titelte, trat nun offen zutage. Aufgrund der vielen Fehlentscheidungen des Senats war Wedding zu einem „Millionen-Grab" geworden. Dazu gehörte auch die groteske Fehleinschätzung der Bevölkerungsentwicklung in der „Anfangseuphorie" nach dem Mauerfall,[245] als der Senat damit rechnete, dass die Einwohnerzahl in Berlin binnen kurzer Zeit auf sechs Millionen anwachsen werde.[246] De facto ging die Bevölkerungszahl zwischen 1998 und 2005 aber auf unter 3,4 Millionen zurück,[247] erst danach stieg die Zahl wieder an. Ein weiterer Fehler sei im Jahr 1994 die Zulassung von Verbrennungen außerhalb von Berlin gewesen, die dazu geführt habe, dass den Berliner Krematorien die Arbeit weggenommen wurde.[248] Die wesentlich niedrigeren Einäscherungsgebühren außerhalb der Stadt- und Landesgrenzen sorgten in der Folge für einen stetig wachsenden „Leichentourismus" nach Brandenburg, Tschechien und Polen.[249] Die Auslastung der drei Krematorien, die sich nun gegenseitig Konkurrenz machten, ging dadurch stetig zurück und lag im Jahr 2001 nur noch bei rund 60 Prozent. Unverständlich war Aulich zufolge auch, dass sich der Bezirk Wedding, als der Senat aufgrund seiner vorherigen Fehleinschätzungen die Modernisierung des Krematoriums „untersagte", darüber hinwegsetzte. Die Senatsverwaltung für Stadtentwicklung hoffe nun, dass die beiden verbleibenden Krematorien kostendeckend arbeiten werden, dies sei allerdings ein frommer Wunsch angesichts des vor- und fremdfinanzierten Krematoriums in Treptow, dessen Baukosten mit jährlichen Leasingraten von 2,5 Millionen Euro in den nächsten 30 Jahren abgestottert werden müssten: „Statt 31 Millionen Euro hat das Land Berlin dann fast 77 Millionen Euro für den Leasingbau bezahlt."[250]

Die Schließung des Krematoriums Wedding konnte gleichwohl nicht verhindert werden, trotz des allgemeinen Kopfschüttelns und der Empörung über Missstände, Fehlentscheidungen und mangelnde innerstädtische Abstimmung. Am 31. Dezember 2002 schloss das Krematorium an der Gerichtstraße seine Pforten. Die rund 6 Millionen Mark teure neue Ofenanlage war keine 16 Monate in Betrieb, allein die Erneuerung des dritten Ofens hatte 3,2 Millionen Mark gekostet. Über 27 Millionen Mark waren umsonst investiert worden.[251] Die drei Ofenanlagen wurden stillgelegt, die unterirdische Kühlanlage abgeschaltet. Teile der elektronischen Steuerung wurden nach Treptow verkauft. Ein Teil der Belegschaft ging in den Vorruhestand, die verbliebenen sieben Mitarbeiter wurden nach Ruhleben und Treptow versetzt. Die Leiterin des Krematoriums, Cornelia Gräser-Becker, die bis zum Schluss für die Erhaltung des Krematoriums Wedding gekämpft hatte, übernahm die stellvertretende Leitung des Krematoriums Ruhleben.

Bis heute ist Cornelia Gräser-Becker die damalige Schließung unverständlich. Es sei überhaupt nicht nachvollziehbar gewesen, dass ein gerade modernisierter Betrieb geschlossen würde, der zudem wirtschaftlich gearbeitet habe: „Wir haben auch im letzten Jahr schwarze Zahlen geschrieben", betont sie. Sie selbst habe alles versucht, um Politiker und Presse zu mobilisieren, das habe letztlich nicht gefruchtet. Auch die Fusion der Bezirke Wedding, Tiergarten und Mitte zu einem Großbezirk Berlin-Mitte im Jahr 2001 habe zur Misere beigetragen: „Plötzlich hatte der Wedding keine Lobby mehr." Gräser-Beckers Vorstoß, das Personal auf 17 Mitarbeiter zu reduzieren, konnte an dem politischen Beschluss nichts mehr ändern. Auch ihr Vorschlag, die drei neuen Ofenanlagen wenigstens so lange in Betrieb zu halten, bis die Technik versagt, wurde nicht gehört. Was sei wohl der eigentliche Grund für die Schließung gewesen? „Treptow sollte hochgehalten werden, vermutlich in erster Linie aus politischen Gründen – und weil es im Osten lag." Aus heutiger Sicht sei das absurd, denn „funktioniert hat da nichts in Treptow!" Auch die Bestatter seien ungern dorthin gefahren, sie hätten den Verlust des Krematoriums Wedding besonders beklagt, weil man dort in sehr unbürokratischer Weise versucht habe, Sonderwünsche und kurzfristige Änderungen möglich zu machen, auch Anlieferungen außerhalb der Öffnungszeiten seien in der Regel kein Problem gewesen.

Gräser-Becker hebt im Rückblick auch die besondere Atmosphäre des Krematoriums Wedding hervor, diese habe den Bau immer sehr unterschieden von den kühlen Anlagen in Treptow oder Ruhleben. Der Musiker Michael Uhl, der 30 Jahre lang als Organist im Krematorium Wedding Trauerfeiern begleitet hat, pflichtet ihr bei. Wie Gräser-Becker kennt auch er alle drei Krematorien, überall hat er Trauerfeiern auf der Orgel begleitet, aber die Weddinger Anlage habe ihm immer am besten gefallen, „auch wegen der sakralen Stimmung".

Der ehemalige Baustadtrat Bernd Schimmler teilt die Einschätzung Gräser-Beckers, dass das Krematorium Wedding letztlich ein Opfer des politischen Willens geworden sei: „Nach der Wiedervereinigung war man im Berliner Senat der Meinung, dass auch der Osten Berlins ein Krematorium haben müsse, obwohl es eigentlich keinen Bedarf dafür gab." Das sei das eigentliche Problem gewesen. Nach der Eröffnung des Krematoriums Baumschulenweg, die erst nach etlichen Verzögerungen erfolgen konnte, kam dann der Meinungsumschwung im Senat, was den Wedding betraf: „Vorher war noch darauf gedrängt worden, dass das Krematorium Wedding erweitert werden müsse." Als das alte Krematorium Baumschulenweg 1994 schließen musste, sei der Bezirk durch den Senat zu umfassenden Erweiterungen im Wedding aufgefordert worden, das habe man aber nicht mehr wahrhaben wollen, „als es dann um die Schließung ging", erklärt Schimmler im Gespräch kopfschüttelnd. Der Wedding habe immer wirtschaftlich gearbeitet: „1998 wurde ein Überschuss von 1,83 Millionen erwirtschaftet, 1999 waren es noch 266.000 Mark, und das trotz der Einschränkung wegen des Betriebs von nur zwei Öfen – bei Vollbetrieb wären es in diesem Jahr vermutlich 1,4 Millionen gewesen", schätzt der ehemalige Weddinger Baustadtrat. Die beißende Kritik an Architektur und Funktionalität des neuen Krematoriums Treptow, die von vielen Seiten geäußert wurde, teilt Schimmler. Es sei ein monumentaler Entwurf gewesen, den alle Experten für wenig zweckmäßig hielten und als zu hoch, zu steril, zu kalt kritisierten.

DIE DISKUSSIONEN UM DIE NACHNUTZUNG

Das Krematorium Berlin-Wedding wurde zum 1. Januar 2003 geschlossen, war danach aber weiterhin eine Urnengrabstätte, auch in der Kuppelhalle fanden immer noch Trauerfeiern statt. Der Altbau blieb zu den üblichen Öffnungszeiten zugänglich, damit die Angehörigen die Grabstätten wie gewohnt besuchen konnten. Erste Überlegungen zur Nachnutzung der Anlage wurden angestellt. Bereits 2002 gab es die Idee, die unterirdische Parentationshalle mit ihrer perfekt ausgestatteten Pathologie zu gerichtsmedizinischen Zwecken zu nutzen. Dies wurde wegen der überdimensionierten Kapazitäten und immensen Unterhaltskosten für die Kühlhalle schon vor Schließung des Krematoriums verworfen. Unmittelbar danach gab es seitens der Stadt Berlin Überlegungen, aus der Kühlhalle ein großes Aktenlager zu machen, doch das hätte einen kostspieligen Umbau bedeutet, und so sah man davon ab.

Bereits im Januar 2003 meldete sich ein erster Kaufinteressent für das ehemalige Krematorium. Die internationale Krematorien Aktiengesellschaft (IKA) machte der Stadt Berlin ein Übernahmeangebot.[252] Der Senat sprach sich aber dagegen aus, nur eines der drei Krematorien zu veräußern.[253] Zwar hätte sich auch der private Betreiber an die Berliner Gebührenordnung halten müssen, aber wenn die Gebühren für Trauerfeiern und andere Angebote gesenkt würden, hätte man damit den anderen beiden Berliner Krematorien Konkurrenz gemacht. Dies galt es nach dem Debakel um die Verwaltung der drei städtischen Krematorien unbedingt zu verhindern.

Aus diesem Grund wurde bald nach dem Scheitern der Verhandlungen mit der belgischen Aktiengesellschaft die Fusion der beiden Krematorien Ruhleben und Treptow beschlossen. Auf diese Weise sollten Abstimmungsprobleme, wie es sie in der Vergangenheit gab, verhindert werden. Die beiden Bezirke Charlottenburg und Treptow-Köpenick würden die Krematorien gemeinsam verwalten, so wollte man eine wirtschaftliche Arbeitsweise sicherstellen. Die Fusion verzögerte sich bis zum Jahr 2006. Ruhleben arbeitete kostendeckend, doch mittlerweile war allen Beteiligten klar, dass das mit jährlichen Leasingraten belastete Krematorium Treptow niemals kostendeckend würde arbeiten können. Mögliche Investoren wurden dadurch abgeschreckt, an einen Verkauf der Anlage war gar nicht mehr zu denken. Mittlerweile hatte sich auch die Auslastung noch weiter verschlechtert. Jeder dritte Berliner, der sich feuerbestatten lassen wollte, wurde außerhalb der Stadtgrenzen oder außer Landes eingeäschert. Zur Fusion gab es nun endgültig keine Alternative mehr. Zum 1. Januar 2006 wurden Ruhleben und Treptow, die zuvor von den Bezirken verwaltet wurden, Landesbetriebe unter der gemeinsamen Regie der Senatsverwaltung für Stadtentwicklung.[254]

Der Landesrechnungshof zeigte sich indes wenig begeistert von den Vorgängen in den Berliner Krematorien. Nachdem er in seinem Bericht von 2001 die Verschwendung und Misswirtschaft beim Neubau in Treptow gerügt hatte, folgte 2005 eine scharfe Kritik des Landesrechnungshofes an der Politik des Senats hinsichtlich der Modernisierung im Wedding. Es sei nicht rechtzeitig geprüft worden, ob es in Berlin überhaupt noch einen Bedarf für drei Krematorien gebe.[255]

In den öffentlichen Debatten wurde nach der Schließung des Krematoriums Berlin-Wedding ein kritischer Ton immer dominanter, was den Neubau in Treptow anging. Nachdem zuvor die Modernisierung des Betriebs im Wedding im Zentrum der Kritik gestanden hatte, schlichen sich nun – angesichts der Vielzahl von Problemen in Treptow und angesichts der enormen Kosten, die der Neubau auch Jahre später aufgrund der Leasingraten verursachte – im Rückblick grundlegende Zweifel ein, den Sinn und Zweck des Neubaus in Treptow überhaupt betreffend. Dadurch, dass die Anlage noch „abbezahlt" werden musste und deshalb zusätzlich finanziell belastet war, waren die Betriebskosten in Treptow viel höher als in den anderen beiden Anlagen. Die Anlage am Baumschulenweg wurde nun als Kern des gesamtstädtischen Krematoriumproblems ausgemacht. Mit dem Prestigebau im Osten der Stadt habe sich „die öffentliche Hand nämlich selbst Konkurrenz" gemacht.[256] Der Preis, den die Stadt Berlin dafür zahlen musste, war hoch – nicht zuletzt mit der Schließung des Krematoriums Wedding.

Die Schließung des Krematoriums hatte Folgen für den Kiez im Wedding rund um die Gerichtstraße und den Nettelbeckplatz. „Das Krematorium hatte dafür gesorgt, dass ein Restaurant und zwei Cafés gut davon leben konnten. Die mussten bald darauf schließen, der Niedergang der Gegend war die Folge", erinnert sich Bernd Schimmler, Mitbegründer des Weddinger Heimatvereins. Als das denkmalgeschützte Postamt an der Gerichtstraße 50 im Jahr 2010 ebenfalls schloss, beschleunigte dies die Abwärtsspirale noch weiter, die mit der Schließung des Krematoriums begonnen hatte.[257]

Doch auch das geschlossene Krematorium belastete den Haushalt des Bezirks Mitte weiterhin. Die jährlichen Unterhalts- und Bewirtschaftungskosten für das stillgelegte Krematorium schlugen mit 700.000 Euro zu Buche. Der Bezirk wollte das Krematorium an den Liegenschaftsfonds

abgeben, der die Landesimmobilie vermarkten und zum Verkauf anbieten sollte. Doch solange noch Urnen in den Kolumbarien lagerten, konnte das Gebäude nicht verkauft werden. Aus diesem Grund beschloss die Bezirksverwaltung 2010, ein neues Kolumbarium auf dem benachbarten Urnenfriedhof Gerichtstraße zu errichten, das auch die rund 700 Urnen würde aufnehmen können, die sich noch in den Kolumbarien des Altbaus befanden.

Der Architekt Thomas Haasch erhielt den Bauauftrag und lieferte einen Entwurf, der dem Bezirksamt mit 1,6 Millionen Euro zu teuer war. Der Bezirk Mitte wollte nur die Hälfte ausgeben, und nach zähen Verhandlungen einigte man sich schließlich auf einen Kompromissentwurf, der den Bezirk 882.000 Euro kostete. Dieser Entwurf sah ein Kolumbarium mit zwei Urnenhallen und einer Trauerhalle in einem pavillonartigen Funktionsbau vor [**Abb. 110**]. Die historische, 100 Meter lange Urnenmauer zur Plantagenstraße aus den 1920er Jahren, die zu diesem Zweck denkmalgerecht saniert wurde, sollte auf einer Länge von 70 Metern in den Neubau integriert und als Rückwand und Urnenwand des Kolumbariums genutzt werden. Der ursprünglich vorgesehene zusätzliche Raum für das historische Urnenmuseum musste wegen der Sparvorgaben des Bezirks gestrichen werden.[258] Kurz vor Weihnachten 2011 war es dann soweit. 400 Urnen wurden aus dem Altbau des Krematoriums entfernt und in den beiden neuen Hallen des Kolumbariums auf dem Urnenfriedhof aufgestellt, bei den restlichen 300 Urnen waren in der Zwischenzeit die Liegefristen abgelaufen. Die historischen Bestände des Urnenmuseums wurden in das Straßen- und Grünflächenamt des Bezirks Mitte verlegt, wo sie bis heute unter Verschluss gehalten werden.[259]

Der Liegenschaftsfonds versuchte in der Folge, das Gebäude im Auftrag des Landes Berlin zu verkaufen. Die Angebote und Vorschläge reichten von einem Pharma-Museum, einem „Showroom für Särge", Wellness-Angeboten und einem Meditationszentrum bis hin zur Gärtnerei und einem Museum für Bestattungskultur.[260] Den Zuschlag aber bekam im Jahr 2013 das silent green mit seinem Konzept für ein Kulturquartier. Am 1. Februar 2013 erfolgte die offizielle Übergabe des Areals an das silent green durch das Land Berlin.

Abb. 110: Nordansicht des neuen Kolumbariums, Haasch-Architekten, 2010

Vom Krematorium
zum Kulturquartier

DENKEN, FORSCHEN, EXPERIMENTIEREN – JÖRG HEITMANN UND BETTINA ELLERKAMP ÜBER DAS SILENT GREEN

Als das Krematorium Wedding nach seiner Schließung durch das Land Berlin zum Verkauf ausgeschrieben wurde, erhielt das Konzept des silent green Kulturquartiers den Zuschlag. Im Jahr 2013 begannen die Umbau- und Sanierungs- arbeiten, 2014 zogen die ersten Mieter ein, und noch im selben Jahr konnten die ersten Veran- staltungen in dem privat getragenen Kulturquar- tier stattfinden. Im Gespräch mit Jutta v. Zitze- witz[JZ] erläutern die Initiatoren Jörg Heitmann[JH] und Bettina Ellerkamp[BE] Entstehung und Konzept des einzigartigen neuen Veranstaltungsortes.

JZ Was war zuerst da – das Gebäude, also das alte Krematorium Wedding, oder die Idee, ein Kulturquartier wie das silent green machen zu wollen?

BE Zuerst gab's die Idee, aber das Gebäude gab es nicht. Dann war die Idee verloren gegangen, und dann gab's plötzlich das Gebäude.

JZ Welche Gestalt hatte die Idee am Anfang?

BE Jörg und ich sind Mitte der 80er Jahre nach Berlin gekommen, haben beide Publizistik und Filmwissenschaften studiert und uns dort kennengelernt. Zusammen mit ein paar Künstlerfreunden haben wir gedacht: Es wäre eigentlich schön, einen Raum zu haben, wo man sich über die Disziplinen hinweg austauschen und gegenseitig unterstützen, vielleicht sogar gemeinsam Dinge entwickeln könnte. Aber West-Berlin war klein, es gab keine Räume, und es herrschte Wohnungsnot. Dann kamen Mauerfall und Wende, und es gab Freunde, die hatten eine Etage im WMF-Haus in Mitte besetzt, hatten aber gar keine konkrete Idee, was damit zu tun sei. Und wir, so ein kleiner Haufen – Merle Kröger, Philip Scheffner, Ed van Megen, Jörg und ich –, haben gedacht, wie wunderbar, und so sind wir dann zusammengekommen. Weitere Gründungsmitglieder waren Tom Prilop, Petra Trojan, Gerriett und Pit Schultz, Martin Leeder, Natascha Sadr Haghighian und Florian Zeyfang. Später kam dann noch Christoph Keller dazu, assoziiert waren Mutzek (Yvonne Harder und Roswitha Kreil), das Elektro (Daniel Pflumm) und allgirls (Tina-Marie Friedrich

und Beate Stangl). Daraus ist ziemlich schnell die Idee eines interdisziplinären Kunst- und Kulturvereins geworden, mit dem Namen BOTSCHAFT e. V., das war 1990. Das war eigentlich der Grundstein für alles andere, was danach kam. Als wir BOTSCHAFT e. V. gegründet haben, lebten wir die ersten Jahre danach tatsächlich in einem deutsch-deutsch-ungeklärten Rechtsraum. Damals war es so: Du konntest dich beim Arbeitsamt arbeitslos melden und durftest sofort eine eigene ABM-Stelle beantragen. Da wir als BOTSCHAFT ein eingetragener Verein waren, sind wir alle einzeln zum Arbeitsamt gegangen und haben am Ende gemeinsam von fünf öffentlich geförderten Stellen leben und arbeiten können. Wir haben uns unsere eigene Infrastruktur sehr einfach schaffen und finanzieren können. Das ist wirklich eine besondere Zeit gewesen, so etwas war dann schon Mitte der 1990er Jahre nicht mehr möglich.

JZ Und ihr seid dann FilmemacherInnen geworden?

JH Ja, Merle Kröger dann auch, die mit uns zusammen studiert hat. Ed van Megen war auch Filmemacher. Philip Scheffner war eigentlich Maler, den hab' ich dann irgendwann überredet, Filme zu machen.

BE Wir haben da schon die ganze Zeit zwischen Kunst, Film und Party gearbeitet, haben Konzeptkunst gemacht, Ausstellungen und Filmreihen. Das waren so unsere Schwerpunkte, mit dem großen Motto im Herzen: Alles Subjektive, alles Private ist auch politisch. Wir haben dabei immer versucht, auch mit den Berlin-Bedingungen um uns herum zu arbeiten. Das WMF-Haus, in dem wir saßen, war ja auch was Besonderes. Es gehörte wirklich der WMF-Besteckmanufaktur, aber es stand auch irgendwie in der von Honecker geplanten Prachtstraße, die vom Alexanderplatz bis zum Potsdamer Platz gedacht war, und sollte dafür zu DDR-Zeiten abgerissen werden. Und dann kam die Wende, und dann wusste auch die Stadtplanung nicht, was sie damit machen soll. Und in diesen ganzen Wirren haben wir da unsere ersten Veranstaltungen gemacht. Die erste hieß „Dromomania – Kult und Ritual der täglichen Fortbewegung" und war eine Mischung aus Ausstellung, Work Camp, Lectures, Performances und Party, die sich mit der Stadtplanung in Mitte nach Mauerfall beschäftigte.

JH   Wir haben außerdem mit dafür gesorgt, dass das Haus stehen bleibt, dass es unter Denkmalschutz gestellt wird.

JZ   Das WMF-Haus ist dann ja vor allem als Club bekannt geworden. Das ist eure Gründung gewesen?

BE   Ja, aber das war dann schon die erste Spaltung der Gruppe. Ursprünglich hat es auf einer Etage angefangen, da waren Party und Kunst noch zusammen. Aber dann entschlossen sich vor allem Tom und Gerriett, einen Club zu betreiben, während wir anderen unseren interdisziplinären Ansatz zwischen Kunst, Film, Politik, ersten Arbeiten mit dem Internet, Musik und Party weiterverfolgten. Anfang 1992 mussten wir dann aus dem WMF-Haus

raus und sind umgezogen in die Kronenstraße 3, wo wir uns im 3. Stock eine Büroetage mit dem Chaos Computer Club und der Digitalen Stadt teilten und unten im ehemaligen Friseursalon unseren Veranstaltungsort hatten.

JH   Da hatten wir Räume bekommen von Jutta Weitz von der WBM, der Wohnungsbaugesellschaft Mitte, dem „Engel von Berlin". Gemeinsam mit einer Handvoll Abgeordneter von Bündnis 90/Die Grünen hat Jutta in den 1990er Jahren im Grunde alle Kulturtreibenden in Berlin-Mitte mit Räumen versorgt und damit den Grundstock für die reiche und bunte Kulturszene dort gelegt. Bis 1996 sind wir da gewesen, dann mussten wir aus dem Gebäude auch wieder raus, und damit hat sich auch BOTSCHAFT e. V. aufgelöst.

BE   Als sich BOTSCHAFT e. V. auflöste, wollten viele, besonders aus der Kunstfraktion, wieder als Individuen weiterarbeiten, weil sie das Gefühl hatten, das ist für ihre Karriere besser. In den fünf Jahren der BOTSCHAFT e. V. waren wir ja wirklich ein Kollektiv. Als Personen nicht ansprechbar zu sein, war unser Programm.

JH   Und dann war da ja auch noch diese absurde Sache, dass wir in dieser Zeit die documenta X abgesagt haben, bei Catherine David. Wir waren halt sehr genervt darüber, dass Einzelne herausgehoben werden sollten aus dem „Kollektiv". Das fanden wir eine Unverschämtheit, weil wir ja eine Gruppe waren. Und als Gruppe haben wir dann auch beschlossen, dass wir die documenta absagen und nicht hingehen. Das war eine unserer letzten gemeinsamen Entscheidungen kurz vor der Auflösung. Parallel zur BOTSCHAFTsarbeit hatte sich dogfilm gegründet (Jörg Heitmann, Ed van Megen, Philip Scheffner, Merle Kröger und Bettina Ellerkamp). Mit dogfilm sind wir dann 1996 umgezogen – wieder über Vermittlung von Jutta Weitz, die hatte für uns in der Neuen Schönhauser Straße 20/Ecke Weinmeisterstraße neue Räume besorgt, wo heute das Goethe-Institut drin sitzt. Da waren wir dann zwei Jahre und sind dann 1997/98 schon wieder weitergezogen in die Rungestraße, in ein altes Loftgebäude direkt an der Spree, mit Blick auf die Jannowitzbrücke.

JZ Das heißt, BOTSCHAFT e. V. hat sich aufgelöst, zersplittert und damit auch die Grundidee des Vereins der „Verständigung über Disziplinengrenzen"?

BE Jein, wir haben ja über dogfilm aus unseren Filmen wieder Ausstellungen erarbeitet, und wir waren auch mit unseren dogfilm-Arbeiten im Kunstkontext viel eingeladen, auch international. In die Schedhalle Zürich und ins Suisse-Institut nach New York. Aber es war nur noch Kunst und Film, nicht mehr Party. Also die Musik- und die Partyszene ist uns dabei so ein bisschen abhandengekommen.

JH Weil die Partyszene ja auch an Räume gebunden ist, und wir hatten schlichtweg keine mehr. Die Räume in der Rungestraße waren nur noch Büros, keine Veranstaltungsräume mehr.

JZ Wie ging es dann weiter?

JH Wir haben dann erst mal weiter unsere Filme gemacht.

BE Zur Jahrtausendwende haben wir dann auch dogfilm aufgelöst, weil wir einfach das Gefühl hatten, dass uns diese kollektiven Strukturen nicht mehr gut tun. Das war sowohl bei der BOTSCHAFTsauflösung so als auch bei dogfilm. Aber es bleiben einem natürlich die Erfahrungen, wie zurückgelassene, losgelöste Luftwurzeln, die aber dann 13 Jahre lang, von 2000 bis 2013, als das Krematorium kam, nicht mehr wirklich bearbeitet wurden.

JZ Und wie kam dann das Krematorium Wedding ins Spiel? Wie kamt ihr auf diesen Ort?

JH Tina und ich wollten dann einen Science-Fiction machen, wir wollten den Roman „Wir werden alle Fiesen killen" von Boris Vian verfilmen und hatten auch schon angefangen, mit Vians Witwe, die in Paris lebte, Rechte zu klären. Für dieses Projekt haben wir aber keine Förderung gekriegt, und deshalb habe ich dann in Rothenstein bei Jena 2004 einen Berg gekauft, ein ehemaliges Waffenlager der Sowjets. Den wollte ich dann verkaufen, um mit dem Erlös den Film zu finanzieren, das ging dann aber schief. Die Telekom hatte mit T-Systems Interesse angemeldet und wollte ein Rechenzentrum im Berg unterbringen, aber zur Vertragsunterzeichnung kam es dann nicht, weil der Geschäftsführer beim Joggen tot umgefallen ist und sein Nachfolger nichts von dem Projekt wissen wollte. Und um von den Schulden wieder runter zu kommen, habe ich dann erstmal nur Projektentwicklung gemacht im

Immobilienbereich, während Tina an der HFF (Hochschule für Film und Fernsehen) in Potsdam ein paar Jahre lang Regie unterrichtet hat. Im Jahre 2010/11 waren die Schulden vom Berg dann abbezahlt. Weil der Berg so viele abstruse Geschichten angezogen hat und gleichzeitig Querschnitt durch die deutsche Geschichte ist – von der Weimarer Klassik bis hin zum Kalten Krieg und zur Nachwendezeit –, haben wir dann aber angefangen, einen Film daraus zu machen und über 400 Stunden Material gesammelt. Die Arbeit an dem Film liegt zurzeit leider brach. In dieser Zeit schwamm das Krematorium vorbei, durch Zufall habe ich es von drei verschiedenen Seiten angeboten bekommen. Es war auch relativ schnell klar, was man hier alles machen kann, weil es ein so besonderer Ort ist. In einer Zeit, in der in Berlin viele Kulturorte geschlossen wurden, zu sagen: Jetzt ist genau der richtige Zeitpunkt, so etwas wieder aufzumachen – das resultierte aus den alten Erfahrungen aus den 1990er Jahren. Ohne die und ohne mein Projektentwicklerwissen aus den 2000er Jahren wäre das hier nie entstanden. Für so ein Projekt braucht man beides. Und relativ schnell konnten wir auch Leute begeistern, hier mit rein zu gehen. Dadurch ist schon so ein kleines Mini-Universum entstanden, das noch wächst und sich ausdehnt. Wir sind ja noch längst nicht fertig!

BE   Und diesen Traum, das, was wir damals mit BOTSCHAFT e. V. gemacht haben, wieder leben zu dürfen, und zwar verstetigt, ohne dass wir, wie in den 1990ern, irgendwo geduldet und dann weitergeschickt werden, das kam dann hier wieder, mit

diesem Gebäude. Aber nur deshalb, weil Jörg mehr oder weniger unfreiwillig zehn Jahre lang in so eine Ausbildung als Projekt- und Immobilienentwickler geschubst wurde. Das ist überhaupt der Grund dafür, dass das hier möglich geworden ist und all die alten Dinge wiederkommen dürfen.

JZ   Jörg, war es für dich auch ein besonderer Reiz, dass es ein denkmalgeschütztes Gebäude war? War das direkt mit dem Angebot verbunden?

JH   Nein, das war ja hier eine öffentliche Ausschreibung vom Liegenschaftsfonds, jetzt BIM (Berliner Immobilienmanagement GmbH). Ganz normal, das Land Berlin verkauft eine Immobilie. Es gab drei Interessenten – und weil ich vorher schon sehr merkwürdige Gebäude in Berlin gemacht habe, u. a. den Steingasometer in der Fichtestraße, haben mich alle drei unabhängig voneinander angesprochen, ob man das nicht vielleicht zusammen entwickeln könnte. Aber weil es ein mit vielen Auflagen verbundenes Objekt war, und auch aus anderen Gründen, haben sich die Interessenten wieder zurückgezogen. Von Anfang 2013 bis Herbst 2013 gab es ja hier noch einen Partner, Frank Duske, der wollte hier ursprünglich einen Meditationstempel für Manager draus machen. Und da habe ich dann gesagt: Nö, das interessiert mich nicht. Wenn, dann würde ich das nur in Richtung Kultur entwickeln wollen. Dann haben wir ziemlich schnell festgestellt, dass wir gar nicht zusammenpassen. Nachdem Frank Duske nicht mehr dabei war, war auch sofort klar, dass Tina und ich das hier zusammen machen, und wir haben dann zusammen das ganze Konzept nochmal komplett überarbeitet.

JZ   Wie hoch war der Kaufpreis für das alte Krematorium?

JH   Der Kaufpreis war 750.000 Euro zuzüglich Nebenkosten, zuzüglich der mit Auflagen verbundenen Kosten, zum Beispiel die komplette Einzäunung zum Friedhof, sodass die Gesamtkosten mit Vermessung, Grunderwerbsteuer usw. ungefähr bei 900.000 lagen. Und dann gab es da die Abverkäufe. Wir haben auf dem Gelände der ehemaligen Gärtnerei das Baurecht entwickelt, und das ist dann für eine Million verkauft worden, jetzt steht dort das Green View. Dann ist das ehemalige Inspektorenhaus noch für etwa 375.000 verkauft worden und die ehemalige Westhalle des Krematoriums an den Galeristen Patrick Ebensperger für 465.000 Euro.

JZ   Diese drei Abverkäufe haben dann den Umbau des alten Krematoriums zum silent green Kulturquartier mitfinanziert?

JH   Genau, die haben in der Summe ungefähr 1,8 Millionen eingespielt. Das war dann das Eigenkapital, um damit Fremdmittel von der Bank anzuwerben und damit den Altbau erstmal fertig zu sanieren.

JZ   Wie kam es eigentlich zu dem Namen silent green?

JH   Wir haben überlegt, wo sind wir hier eigentlich? Dann fielen ein paar Stichworte wie „grüne Oase" und „Stille", und dann sind wir relativ schnell bei „silent green"

gelandet, als Anspielung auf den Science-Fiction-Film „Soylent Green" (1973), für uns als Filmemacher lag das nahe. Dann kam die Frage: Dürfen wir das? Eine Anspielung auf einen Film, in dem es um Menschenfleisch als Nahrungsmittel geht? Wir fanden dann aber, dass es eine eher versteckte Anspielung mit einem Augenzwinkern ist, und es ist ja wirklich auch ein Trash-Film, über den wir da reden, viele kennen den gar nicht. Der Name funktioniert ja auch so sehr gut, ohne dass man die Anspielung versteht.

JZ   Und wie kam es zu den Mietern, die hier sind? SAVVY Contemporary, das Label !K7, das Musicboard, das Arsenal, das Harun-Farocki-Institut und all die anderen?

BE   Das sind keine Mieter, sondern Wunschpartner!

JH   Wunschpartner, die ihren eigenen Input hier mit reinbringen. Wir werden ja nicht öffentlich gefördert, tragen das rein aus privaten Mitteln, und wir schaffen diesen großen Output eben nur, weil diese Leute hier im Haus sind und das mittragen.

JZ   Habt ihr die Räume ausgeschrieben und die Leute dann handverlesen? Oder bestimmte Leute direkt angesprochen?

JH   Teils, teils. Wir haben am Anfang auch Annoncen geschaltet, weil unsere Erfahrung aus dem engsten Bekanntenkreis war, dass sich dafür eigentlich alle zu alt fühlten. Der Respekt davor war sehr groß, denn so einen Ort aufzubauen, ist echt viel Arbeit (lacht)!

BE Wir sind dann einfach losgelaufen und haben gedacht: Von dem, was wir hier machen wollen, sind wir so überzeugt, wir finden bestimmt Leute, die Lust haben, da mitzumachen …

JH Und die Einzige, die hier wirklich von Anfang an dran geglaubt hat, ist Stefanie Schulte Strathaus vom Arsenal. Die erste Veranstaltung, die hier stattfand, war ja das Forum Expanded der Berlinale 2013, die haben das Haus in unrenoviertem Zustand bespielt. Das war natürlich eine sehr schöne Initialzündung. Und über Stefanie kam zum Beispiel SAVVY Contemporary ins Haus. Das, was Bonaventure Soh Bejeng Ndikung und seine MitstreiterInnen machen, hat uns extrem an BOTSCHAFT e. V. aus den 1990er Jahren erinnert. Die einzelnen Ausstellungen sind nicht in Perfektion ausgearbeitet, sondern eher schnelle Skizzen. Es gibt da so eine Grundhaltung, dass man es nicht perfekt ausarbeiten muss, sondern dass es eher um eine Art von Bewegung und Kraft geht, die sich aus der Skizze heraus entwickelt und dann von dem Ort ausgeht.

JZ War die Gastronomie, das heutige Mars, von Anfang an Teil des Konzepts?

BE Es war uns klar, dass wir eine Gastronomie für das Kulturquartier brauchen, als Herzstück des Ganzen, weil wir dachten, wenn jeder in seinem Büro vor sich hinpuzzelt und alle nebeneinanderher arbeiten, gibt es selten schon gleich Synergieeffekte. Und einen Ort zu haben, an dem man sich sowieso begegnet, am liebsten jeden Tag, ist auch inhaltlich wichtig, als Potenzial für Gespräche und Austausch.

JH Es war klar, dass es schwierig wird hier mit Gastronomie, das ist ja kein wirklich abgetrennter Bereich. Zuerst hatten wir eine Fremdgastronomie hier drinnen, aber das hat nicht funktioniert. Weil das für das Gelingen des Gesamtprojektes so wahnsinnig wichtig ist und hier alles so eng verzahnt ist, machen wir die Gastronomie jetzt selbst.

JZ Wie lief der Umbau dann weiter ab?

JH Wir haben hier natürlich mit Architekten gearbeitet, aber die Aufteilung haben eigentlich Tina und ich selbst gemacht. Wo kommen die Tagungsräume hin, wo die Gastronomie? Wie entwickelt man die Anlage insgesamt? Wie bekommt man Licht in das Gebäude? Dafür war es auch wichtig, dass man Ahnung hat vom Denkmalschutz. Da haben wir einfach Glück gehabt, dass der hiesige Denkmalpfleger Herr Reimann genau die gleiche Formensprache mag wie wir. Die „Narben" und Eingriffe sollten deutlich zu sehen sein, und es sollte klar sein, das ist Neubau, das ist Bestand. Und mit dieser Formensprache haben wir das ganze Objekt entwickelt und versucht, in jedem Bereich des Gebäudes authentizitätsstiftende Merkmale zu erhalten. Dafür sind wir dann im Jahr 2015 vom Land Berlin für den Deutschen Denkmalpreis nominiert worden. Und das Resultat ist, dass das Land Berlin glücklich ist, wir sind glücklich, und die Leute mögen's auch.

BE Seit wir als BOTSCHAFT e. V. dieses WMF-Haus in Mitte besetzen durften, haben wir alle den Immobilienvirus. Wir mussten immer umziehen, erst in die Kronenstraße, dann in die Neue Schönhauser und dann in die Rungestraße, und das waren alles alte, schöne Gebäude, die wir geliebt haben. Und deswegen war das hier für mich gar keine Aufgabe, die mich überwältigt hat, sondern eigentlich etwas, das ich schon kenne, nämlich die alten Dinge erhalten und trotzdem so gestalten, dass man heute darin sein mag. Das haben wir früher immer nur improvisiert, und hier durften wir es jetzt einmal richtig machen!

JZ In welcher Weise haben bestimmte architektonische Gegebenheiten eure Gedanken zur Nutzung beeinflusst? War euch in der Kuppelhalle sofort klar, was ihr damit machen wollt? Habt ihr den Kubus sofort als Tagungsraum gesehen?

BE Das ist tatsächlich mit dem Gebäude gewachsen. Das Gebäude ist ja riesengroß und hat Arme, eine Halle, und dazwischen viele kleine und große Räume und Winkel, auf verschiedenen Etagen. Und immer, wenn wir was brauchten, haben wir überlegt: Wo muss das hin, wo finden wir das hier?

JH Also, es war völlig klar, dass das Herzstück die Kuppelhalle ist, als zentrale Veranstaltungshalle. Die Kuppelhalle war früher ein öffentlicher Ort und musste ein öffentlicher Ort bleiben. Das war gesetzt, das war aber auch das Einzige, das gesetzt war – alles andere musste überlegt werden, und da waren dann auch die Aspekte Denkmalschutz, Stadtplanung und Lärmschutz zu berücksichtigen. Wo kann ich überhaupt eine Gastronomie hinsetzen? Man hätte auch hier aus dem

Innenhof eine tolle Gastronomie machen können, das wäre aber auf Dauer nicht gut gegangen, weil der Lärmpegel zu laut ist, denn wir haben hier ja eine anliegende Wohnbebauung. Und neben den Aspekten, die von außen kommen, gibt es dann die inhaltlichen Entwicklungsaspekte. Welche Formate wollen wir bedienen? Der Kubus – mit seinen drei Räumen zum Wirtschaftshof an der Plantagenstraße – war ursprünglich ganz banal als Bürofläche geplant. Aber wegen der Schallübertragung der angrenzenden Veranstaltungshalle haben wir das verworfen. Ein anderer Aspekt war, dass wir auch Diskursformate an unser Haus anbinden wollten, und dafür braucht man halt Räume, in denen man in Ruhe sprechen kann. Und nachdem wir dann 15 Mal auf den Plan geguckt hatten, war uns klar, dass man das am besten im Kubus machen kann, dass der zu dem Herzstück dazugehört und auch am besten an die Gastronomie neben der Kuppelhalle angedockt ist. So hat sich die inhaltliche Nutzung des Gebäudes von innen herausgeschält, Stück für Stück.

JZ Gab es denn auch Sachen, die ihr nicht machen konntet, weil es eben ein Bau- und Gartendenkmal mit bestimmten Auflagen ist?

BE Also, die Bepflanzung des Innenhofes, für die Dagmar Heitmann und ich verantwortlich waren, die war nicht so einfach. Wir sind beide Fans von japanischen Gärten und hätten das hier gerne japanischer gestaltet. Und was ich immer noch schade finde: Ich hätte total gerne angefangen, die Leute à la Prinzessinnengärten auf dem ganzen Areal gärtnern zu lassen, aber da ist von Anfang an klar gewesen: „Es ist ein Gartendenkmal, und diese Wiese, die ja eigentlich relativ öde und langweilig ist, bleibt Wiese." Also, da ist eben etwas dann doch nicht möglich gewesen. Aber darum kommen ja die Dachgärten auf das Atelierhaus …

JH   Das Atelierhaus, der Neubau, der da jetzt geplant ist, den haben wir nochmal einen Meter niedriger gemacht als ursprünglich geplant, für uns, aber auch für den Denkmalschutz, der da klare Vorgaben gemacht hat. Es wäre für uns ja auch vorstellbar gewesen, das Haus zwei Meter höher zu machen, dann hätte man zwei Etagen und die doppelte Fläche gehabt. Aber es wäre ästhetisch hässlicher gewesen, weil dann das Atelierhaus ein bisschen höher gewesen wäre als die Dachkanten des Altbaus. Deshalb verstehe ich dieses Argument vom Denkmalschutz auch, dass die Sichtachsen auf den Altbau frei bleiben sollten. Der Star ist der Altbau, das ist eine ganz zentrale Aussage, da waren wir uns schnell einig.
Es gibt durchaus noch weitere Sachen, die wir hier nicht machen können. Zur Refinanzierung wäre es natürlich viel einfacher, wenn wir die Kuppelhalle für Feiern vermieten könnten. Das wäre eine Möglichkeit, Geld zu verdienen, um damit einige Löhne zu refinanzieren. Aber das geht aufgrund der Lage des Gebäudes in einem Wohngebiet nicht, weil Lärmschutz in der Stadt ein Riesenthema ist.

JZ   In welcher Weise hat die frühere Nutzung als Krematorium und letztendlich auch Grabstätte euch und eure Gedanken zur Neunutzung und zum Umbau beeinflusst?

JH   Das hatte großen Einfluss. Man ist demütig damit umgegangen, das meine ich auch so, da war ein großer Respekt da. Klar, hat man sich mit dem Tod beschäftigt, und ich fand das hier nie etwas Böses oder Schlimmes, weil, die Menschen gibt's ja auch, die hier so panische Angst hatten …

BE: … Ich hatte keine Angst (lacht).

JH   Auf der baulichen Ebene hat es eine große Rolle gespielt, dass es ein Krematorium ist. Es gab hier viele Hohlräume, und uns war völlig klar, dass in so einem Haus mit so einer Nutzung jeder Hohlraum geöffnet werden muss. Es darf keine „mysteriösen", verschlossenen Räume geben, das wäre einfach kein gutes Gefühl gewesen. Das war ein ganz wichtiger Aspekt. Als wir den Abriss gemacht haben, haben wir ja Hunderte von Urnennischen gefunden, einfach dadurch, dass wir immer noch mal alle Wandschichten abgeklopft haben.

BE   Ich glaube, das ist eine innere Haltung, die uns durch die Besetzerzeit bis hierhin gebracht hat. Wir hatten immer merkwürdige alte Gebäude. Jörg hat auch einen Bunker entwickelt, den ehemaligen Steingasometer in der Fichtestraße. Der Berg in Rothenstein ist ein altes Waffendepot gewesen. Alte Gebäude durch Sanierung in die Gegenwart zu transformieren, machen wir unser Leben lang. Trotzdem ist es wichtig, zu erhalten, was da ist. Es geht darum, respektvoll mit der Geschichte umzugehen. Das Schöne ist, zu merken, dass dieses Krematorium schon immer ein friedlicher Ort war. Wir haben es umgestaltet, aber es hat seine eigene Aura trotzdem behalten dürfen. Das klingt fast wie eine Form von Bau-Esoterik, aber ich meine das tatsächlich ernst.

JH Es gibt da große Unterschiede. Das Wort „düster" passt hier nicht hin. Wir sagen, dass dies ein empathisch aufgeladener Ort ist, weil hier viel getrauert wurde. Trauern ist eines der „schönsten" Gefühle, es macht uns zu Menschen, im positiven Sinne. Dies ist ein demütiger, meditativer Ort, an dem aber auch, genau wie in der Kirche, gefeiert werden kann. Der Gasometer hingegen, der Fichte-Bunker, ist schwer. Da muss man kein Esoteriker sein. Da geht man durch und spürt es physisch, da ist Leid im Gebäude, da wird ein düsteres Kapitel der deutschen Geschichte spürbar. In Rothenstein, beim Berg, ist das genauso, da merkt man das auch, aber da waren nur Waffen drin, da ist keiner drin gestorben. Im Krematorium ist auch niemand gestorben. Im Fichte-Bunker sind mehrere Hundert Menschen gestorben. Das war schrecklich, was da stattgefunden hat, auch wenn es ein Schutzraum war.

BE Darf ich noch was ergänzen? Unser Selbstverständnis als kreativ und künstlerisch Arbeitende spiegelt sich in unserem Umgang mit Gebäuden. Wir sind die Generation, die nach dem Nationalsozialismus, nach Holocaust und Zweitem Weltkrieg in Frieden und relativ großem Wohlstand aufwachsen durfte und die deutsche Wiedervereinigung mitbekommen hat.

Mit diesem Erbe sind wir groß geworden. Fast alle Gebäude, in denen wir arbeiten durften, sind Gebäude, die die anderen zurückgelassen haben und nicht mehr haben wollten. Das ist das Schicksal der Kulturtreibenden. Wir nehmen all diese blinden Flecke, Brachen und Ruinen und führen sie in die Gegenwart. Natürlich finde ich, dass man respektvoll mit der Vergangenheit umgehen muss. Und der Tod ist da nochmal ein spezielles Thema. Aber wenn man sich zu sehr der Geschichte oder der Trauer, die in diesem Gebäude steckt, verpflichtet, dann versteinert man. Ich will nichts wegwischen oder übertünchen wie unsere Eltern oder Großeltern. Die haben versucht, die Vergangenheit loszuwerden, indem sie überall etwas drübergelegt haben: Linoleum und dann noch einen Filzteppich. Die Urnennischen machen wir am besten ganz zu. Dann haben wir eine glatte Mauer, und alles ist schön. Nein! Wir wollen die Wunden wieder bloßlegen, sie auch mit ihrer Schwere spüren. Trotzdem haben wir dann das Recht, mit dem Ganzen spielen und jonglieren zu dürfen. Diese Mischung macht uns in unserer Arbeitsweise aus.

JZ Stand dieses Geschichtsbewusstsein hinter der Entscheidung, den Umbauprozess fotografisch zu dokumentieren? Das ist etwas Außergewöhnliches, das ihr ja nicht zum ersten Mal macht …

JH Das habe ich bei den historisch wichtigen Objekten immer gemacht. Es geht darum, Spuren zu erhalten und verständlich zu machen, wie Sachen entstanden sind. Durch die Entscheidung, einen Umbau zu dokumentieren, den Schutt, die Bauarbeiten, den Prozess, entsteht dann nochmal eine ganz eigene Welt.

JZ Kam der Gedanke, die Geschichte des Krematoriums selbst aufzuarbeiten und der Öffentlichkeit zur Verfügung zu stellen, später dazu? Oder war es von Anfang an klar, dass das dazugehört?

BE Letzteres. Wir haben hier ein Erbe und eine Verpflichtung. Mit der wollen und müssen wir aktiv umgehen …

JH … an diesem Punkt sind wir stockkonservativ!

JZ Noch einmal konkret zur Geschichte des Ortes: Es gab Orte, an denen es nötig war, bestimmte Entscheidungen zu treffen. Zum Beispiel im Innenhof – da waren ja auch sechs Grabplatten. Wie waren eure Überlegungen dazu?

JH Für mich persönlich war die schwierigste denkmalkonservatorische Entscheidung, die hier überhaupt getroffen wurde, das Entfernen der Grabplatten. Frank Duske, der am Anfang ein halbes Jahr dabei war, der wollte alles abreißen. Der wollte auf gar keinen Fall den originalen Terrazzoboden von William Müller in der Kuppelhalle. Da sollte ein Holzfußboden drüber. Es sollten auch alle Urnennischen beseitigt werden und alle Grabplatten. Der hat das viel radikaler gedacht. Tina und ich waren der Meinung, dass solche authentischen Sachen erhalten werden sollen, und trotzdem haben wir eine Linie gezogen. Ich bin heute sicherer denn je, dass diese

Entscheidung richtig war, alle personifizierten Grabmale zu entfernen. Denn nur dann macht man den Weg für eine neue Nutzung wirklich frei, nur dann holt man den Ort in die Gegenwart. Das ist wie eine Verlinkung. Wenn ich diesen Link der Grabplatte habe, wo ein Name draufsteht, dann denke ich: Ich kann hier nicht neben dieser Grabplatte meinen Wein trinken, das ist pietätlos. Aber das stimmt ja nicht mal, denn hier waren keine Gräber mehr. Wir haben Respekt vor dem Tod, aber das ist eine neue Nutzung. Die schwerste Einzelentscheidung war, die Grabplatte von William Müller runterzunehmen. Eine Tafel: „Erbaut von William Müller" hätten wir behalten, aber nicht seine persönliche Grabplatte, auch weil sein Grab nicht hier ist. Die anderen beiden Entscheidungen, zwei Skulpturen betreffend, die sich noch hier befanden, fand ich auch schwer. Ganz am Anfang habe ich „Opus 100" (1909) von Adolf Brütt an das Land Berlin verschenkt, weil das nur für die Trauernden entworfen wurde, die Trauerarbeit hier ja aber nicht mehr stattfindet …

JZ Diese Marmorfigur steht jetzt im neuen Kolumbarium auf dem benachbarten Urnenfriedhof Gerichtstraße, im Vorraum zur kleinen Trauerhalle …

JH Die zweite Skulptur war der Marmorjüngling von Hugo Kaufmann (1911), der stand vorne in dem runden Warteraum, dem heutigen Konferenzraum von !K7. Ich habe die Figur der Stadt überlassen, um dann zu erfahren, dass die Jünglingsfigur jetzt in einem Depot beim Garten- und Grünflächenamt Mitte steht. Das finde ich schade.

Es war eine schöne Arbeit. Die wäre genau auf der Grenze gewesen, die hätte man hier auch irgendwo auf dem Grundstück hinsetzen können ...

BE (schüttelt den Kopf) Ich habe das emotional aus dem Bauch heraus entschieden: Habe ich das Gefühl, ich darf hier jetzt frei sein? Das durfte ich mit diesen Dingen nicht, auch nicht mit dieser Skulptur für das Grab der Familie Kaufmann. Das ist für mich die Grenze. Ich möchte das Recht haben, heute hier sein zu dürfen, ohne dass es mich in die Vergangenheit zieht. Wenn wir darüber geredet haben, wie eine Ausstellung hier vor Ort aussehen kann, sagen wir alle, dass es so wenig materielle Objekte wie möglich geben soll. Das empfinden wir alle ähnlich. Wo du die Geschichte gerade aufschreibst: Das Kapitel zum Nationalsozialismus ist so traurig. Weil es so wenige Leute wissen, ist es so wichtig, darauf aufmerksam zu machen, was an diesem Ort passiert ist. Aber ich finde es wichtig, das in einer Art und Weise zu machen, die unserem Empfinden von Geschichte entspricht. Wir wollen kein Ehrenmal aus Marmor hinstellen und auch keine Tafel anbringen, wie man das früher gemacht hat, sondern etwas, was trotzdem leicht ist. Deswegen wollen wir auch transparente Folien mit Fotos in den Innenhof hängen oder auch die Idee weiterentwickeln, mit Sound-Installationen oder Licht auf dem Gelände zu arbeiten.

JZ Und die Urnennischen in der Kuppelhalle? Was hat euch dazu bewogen, die wieder freizulegen?

JH Wären die weggeschlagen gewesen, hätten wir sie nie neu gebaut. Da ist ein Riesenunterschied. Wir haben sie auch nicht zu 100 Prozent wieder in den Originalzustand versetzt. Das hätten wir schlichtweg nicht zahlen können. Wir haben nur die verputzten Öffnungen wieder aufgemacht. Ich finde, die ganze Halle wirkt durch die Urnennischen völlig anders. Das wirkt fast wie maurische Baukunst. Deshalb war das ein ganz wichtiges architektonisches Merkmal, das freigelegt werden musste.

BE So war es auch mit dem Terrazzoboden. Ich habe ein altes Foto der Urnenhalle im Netz gefunden, und wir haben gesehen, dass es unter all dem Klebefilz und Linoleum vielleicht noch einen alten Terrazzoboden gibt. So haben wir das entdeckt und wieder hervorgeholt.

JZ Freilegung und Spurensicherung – ist das auch das Stichwort für den kleinen Raum unten im Keller, in dem der alte Deckel der Sargversenkungsanlage aufgebaut ist und man die Urnennischen in ihrem Ursprungs-zustand sehen kann? Wurde das bewusst so gelassen?

JH Ja, genau. Dass man wirklich einen Originalraum im Gebäude hat, der unverändert ist. Es fühlt sich tatsächlich anders an, wie eine Zeitkapsel.

JZ Als die ersten Phasen des Umbaus beendet waren und die ersten Mieter im Gebäude waren. Wie habt ihr euch das Zusammenspiel der einzelnen Disziplinen oder das Programm, das daraus entsteht, vorgestellt? Wie sollten sich die Schwerpunkte Film, Musik und Bildende Kunst zueinander verhalten?

JH Ich würde das gar nicht auf diese einzelnen Schwerpunkte begrenzen. Für mich und für uns ist die Haltung viel wichtiger. Hier sind ja auch eher konservative Veranstaltungen wie Konzerte vom Rundfunkchor. Da geht es einfach um eine bestimmte Qualität. „Oh, komm du süßer Tod" vom Rundfunkchor in der Kuppelhalle zu hören, ist einfach der Hammer. Ansonsten ist das silent green die Summe seiner Einzelteile. Ich kann es nicht richtig benennen, aber es soll kein Marketing-Nischen-Tempel werden. Nicht: Wir machen hier die besten Bewegtbild-Studien und sind da die Super-Spezialisten. Dafür gibt es Museen, die machen das, was sie vertreten, in Perfektion. Das ist hier nicht das Ziel. Das Ziel ist es, dass aus den einzelnen Arbeitsbereichen Themen bearbeitet und in die Öffentlichkeit gebracht werden. Aus diesem transdisziplinären Zusammenspiel soll im besten Fall eine Kraft entstehen, die von diesem Ort ausgeht. Klingt ein bisschen esoterisch, ist aber nicht so gemeint.

JZ Wie versteht ihr Inter- oder Transdisziplinarität? Wie definiert ihr das?

BE Interdisziplinarität ist wie ein tief empfundener Wesenszug von uns. Wir sind keine Spezialisten. Ich glaube, dass auch das mit unserer Vergangenheit zu tun hat, wie wir aufgewachsen sind. Unsere Eltern haben immer noch einen Beruf gehabt, und den haben sie dann ihr Leben lang an einer Stelle, meistens einem Betrieb oder einer Firma, ausgeübt. Wir sind alle in einer Zeit aufgewachsen, wo es diese Möglichkeit oft gar nicht mehr gab, in Zeiten der Flexibilisierung des Arbeitsmarktes. Aber es war auch ein tief empfundener Wunsch, kein Spezialist zu werden. Wir waren Generalisten, haben uns wirklich für vieles interessiert. Wir wollten in alles hineinschauen dürfen, waren neugierig. Dazu gehörte die Politik genauso wie die Kunst. Und dann gab es da noch die Vorstellung, dass Musik alles heilen kann, auch wenn das komisch klingt. Die Art, wie wir mit dem Gebäude umgehen, findet sich auch in der Haltung, mit der wir Projekte entwickeln, wieder. Ein Motto von uns war immer: Der Inhalt prägt die Form. Erstmal gibt es ein Anliegen. Wir haben etwas mitzuteilen, möchten über etwas nachdenken oder mit anderen kommunizieren. Das geht nur, wenn ich mich mit anderen Leuten, die ganz andere Perspektiven und ein anderes Know-how mitbringen, an einen Tisch setze und gucke, was entsteht, wenn wir uns alle gemeinsam einem Ding widmen. Daraus entsteht dann ein Prozess und am Ende vielleicht eine Form. Aber was es bestimmt, ist die Haltung dazu, die Haltung ist das Wichtigste.

JH Ich finde, Interdisziplinarität ist gleichzeitig ein totales Schimpfwort, wenn es eine Zwanghaftigkeit bekommt, dann hat es nichts Organisches mehr. Ich kann mir auch vorstellen, dass die Musik oder der Bereich Bildende Kunst ein dreiviertel Jahr komplett die Oberhand haben. Das kommt auf das Thema an. Das Entscheidende ist, welche Reflexionsebene es bei dem Thema gibt. Inter- oder Transdisziplinarität beschreibt für uns mehr eine Offenheit für verschiedene Arten, sich einem Thema zu nähern. Wir sagen: Das Thema wäre gut für eine Filmreihe oder als Ausstellung oder in Kombination mit einer Konzertreihe. Oder man macht eine Diskursveranstaltung daraus.

JZ   Und der Standort? Soll sich der Wedding in irgendeiner Form programmatisch abbilden oder die Kommunikation auch in den Kiez hineingetragen werden? Welche Position soll das silent green im Wedding haben?

BE   Es ist schön, dass es der Wedding und ein Arbeiterbezirk ist, wo wir uns verstetigen dürfen. Ich zumindest komme aus einer Arbeiterfamilie. Mein Uropa war einer der ersten SPDler. Jörg hat mich hier in den Wedding gebracht, und ich habe gedacht: Genau hier gehöre ich hin, ohne dass ich das Gefühl habe, ich betrete ein fremdes Terrain. Hier im Wedding kann ich sagen: Das ist hier tatsächlich eine Wurzel, die ich auch von woanders mitbringe.

JH   Wenn ich diese Definition nehme, darf ich hier nicht sein, im Wedding. Ich komme aus einer Unternehmerfamilie. Mein Urgroßvater und meine Familie waren immer Bastler. Die haben was erfunden und versucht, das umzusetzen. Mir gefällt es trotzdem hier.

BE   Vielleicht darfst du auch genau deswegen hier sein. Wir befinden uns nicht in einem luftleeren Raum. Der Wedding ist da und wird ernst genommen, und wir lieben ihn beide.

JH   Für mich ist wichtig, dass das hier keine Gated Community ist. Deswegen ist auch die Gastronomie so wichtig, damit der Ort offen ist für den Kiez. Ich bin auch auf das Quartiersmanagement zugegangen, habe die angesprochen und ihnen gesagt, dass wir ihnen für ihre Projekte gerne Räume zur Verfügung stellen. Der zentrale Gedanke ist, dass man zwar auf der einen Seite Sachen macht, die gar nicht mit dem Kiez verbunden sind, sondern eher einen internationalen Anspruch haben. Auf der anderen Seite sind wir aber auch regional verortet und müssen uns die Akzeptanz hier natürlich erarbeiten. Wir haben hier übrigens einen Migrationshintergrund von 67 Prozent. So eine Quote hat fast nur New York. Das ist wirklich irre. Wenn du das mit Prenzlauer Berg oder Dresden vergleichst, ist das viel internationaler hier.

JZ   Gibt es, um das Profil des silent green zu schärfen, auch Abgrenzungen? Wie sieht die Positionierung des silent green im Kulturbetrieb aus, im Kontext mit anderen Orten, die auch interdisziplinär arbeiten?

BE   An den Rändern des Dokumentarischen zu arbeiten, ist ein programmatischer Punkt, weil wir das wichtig finden und weil das Teil unserer eigenen Arbeit ist. Wir waren noch nie Spielfilmmacher, und wir wollen auch kein zweites ZKM (Zentrum für Kunst und Medien, Karlsruhe) werden.

JH   Und wir sind kein Museum. Diese Abgrenzung kann man ziemlich einfach machen. Trotzdem möchten wir mit solchen oder anderen Institutionen zusammenarbeiten. Das funktioniert auch schon. Wir bieten hier offene Synapsen an, wo solche Formen ausprobiert werden können, die die Institutionen an ihren eigenen Orten nicht mehr machen können, weil sie da einen eigenen Markenkern haben. Das ist die Stärke und die Nische, die wir besetzen wollen. Wir versuchen hier, langfristig einen Ort zu schaffen, wo es ein Wechselspiel zwischen Diskurs und Produktion gibt, über die Disziplinengrenzen hinweg. Einen solchen Ort, das behaupte ich jetzt einfach mal, gibt es so in Berlin noch nicht.

JZ Wo seht ihr das silent green jetzt gerade, und was sind die wichtigsten Baustellen?

BE Von der ersten Phase, der Aufbauphase, haben wir vielleicht die Hälfte geschafft. Da sehen wir uns gerade. Es wird bis Ende 2018 in Anspruch nehmen, die Betonhalle und das Atelierhaus zu bauen. Dann ist unser Konzept infrastrukturell komplett. Aber dann muss es gefüllt werden mit Menschen und Inhalten. Parallel machen wir das schon, die ersten Stipendien vom Goethe-Institut sind da, die das Haus dann zum Teil füllen werden. Das reicht aber bei Weitem noch nicht aus …

JH Wir kommen noch nicht zum eigenen Kuratieren oder Produzieren. Das sehe ich frühestens in fünf Jahren. Bis dahin heißt es erstmal Bauen, auf verschiedenen Ebenen. Da ist zum einen das physische Bauen, die unterirdische Ausstellungshalle für bis zu 1000 Personen, mit einer Lizenz dafür, sie auch als Konzertsaal, als Performance-Raum, als Tagungsraum zu nutzen. Über der langen Zugangsrampe zu dieser

Halle entsteht parallel dazu das Atelierhaus. Und dann gibt es da das intellektuelle Bauen, das Vernetzen von Menschen und Gruppen. Wir haben jetzt z. B. erste Gespräche mit dem Goldsmiths College aus London und versuchen, mit denen eine internationale Summerschool hinzukriegen. Das kann man auch weiterentwickeln, hin zu einer Akademie im Zusammenspiel von Goldsmiths, Arsenal und silent green. Diese Art der internationalen Vernetzung nicht nur mit Menschen, die sich hier andocken, von Ägypten bis New York oder Indonesien, sondern auch mit bestimmten Inhalten, das ist für uns beide der Hauptjob neben dem physischen Bauen. Ein Gebäude ist nur ein Gebäude.

JZ Wie seht ihr den Bezug zwischen Atelierhaus und Betonhalle?

BE Das alles ist ein Gesamtkonzept, das Atelierhaus und die Betonhalle. Im Atelierhaus werden sechs Einheiten entstehen, von denen wir hoffen, dass wir sie regelmäßig mit Artist-in-Residence-Programmen bespielen können. Die Stipendien, die wir im Moment haben, sind Dreimonats-Stipendien für das Projekt Film Feld Forschung, das Harun-Farocki-Institut und das Arsenal. Aber alles andere ist im Moment noch offen.
Wir freuen uns darauf, was die Betonhalle uns dann an neuen Möglichkeiten eröffnet. Der Film lebt davon, dass er Wände braucht. Die Kuppelhalle bietet da nicht so viele Möglichkeiten, aber wenn Leute wirklich mit Musik und Film experimentieren wollen, ist die Betonhalle mit ihren großen Flächen unten toll. Ich

stelle mir vor, dass da auch neue Arbeiten entstehen werden, die nur für diesen Ort geschaffen werden. Auch, weil diese Halle eine Aura und Geschichte mitbringt, die in die Arbeiten der Leute mit einfließt.

JH Die Betonhalle wird ganz einfach eine wichtige Ergänzung sein. Ich nenne sie mal Kunsthalle, denn es ist eine Kunsthalle. Bis jetzt fehlt hier im silent green ein Platz für Kunst oder Performances im größeren Stil. Den gibt es gar nicht. Die jetzigen Räume geben das einfach nicht her. Deshalb wird jetzt eine weitere Synapse dazugeschaltet. Das ist die Halle unten. Es sind zusätzliche Formen, die dann hier stattfinden können.

JZ Was ist euer größter Wunsch für die Zukunft des silent green?

BE Im silent green eine Akademie zu gründen, eine freie, das wäre ein Traum.

JH Dass man hier einen Campus-Charakter hinbekommt, mit den Residencies im Atelierhaus und den großen Flächen in der unterirdischen Betonhalle, die zum Experimentierfeld werden. Wir wünschen uns, dass man genau das erschaffen und hier gemeinsam bestimmte Themen und Inhalte behandeln kann. Museen gibt es Hunderte. Top-Gebäude gibt es, mit tollen Architekten. Da wollen wir gar nicht miteifern. Unser Ansatz ist, dass wir genau diese Nische, in der unterschiedliche Sachen möglich sind, besetzen wollen. Wir verstehen das hier gleichzeitig als Reflexions- und Produktionsort. Der Wunsch ist, dass das silent green in Zukunft, wenn

einmal alle Module am Start sind, auch ein Produktionstempel werden kann. Wenn das passieren würde, das wäre das Schönste. Wenn Leute, die hier sind und hier arbeiten, aus ihren Projekten Sachen entwickeln, die dann von hier aus in die Welt gehen. Das wäre der Anspruch. Da sind wir noch überhaupt nicht.

BE Aber wir sind auf dem Weg dahin.

2013–2017

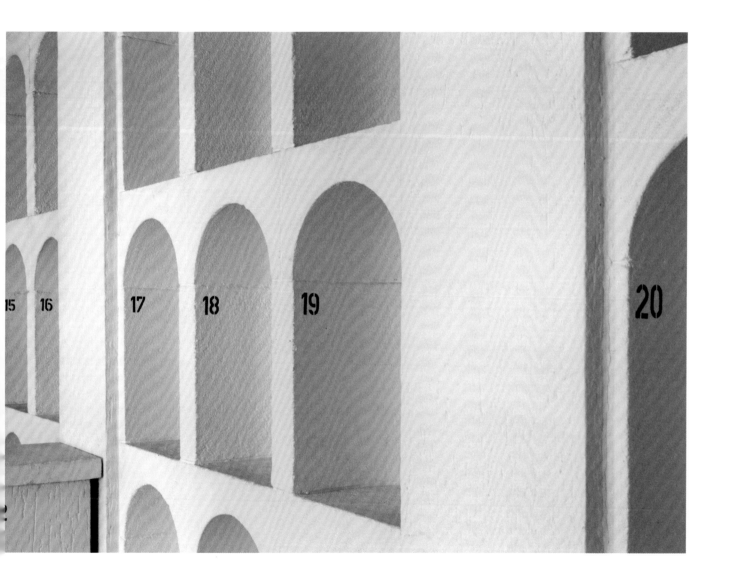

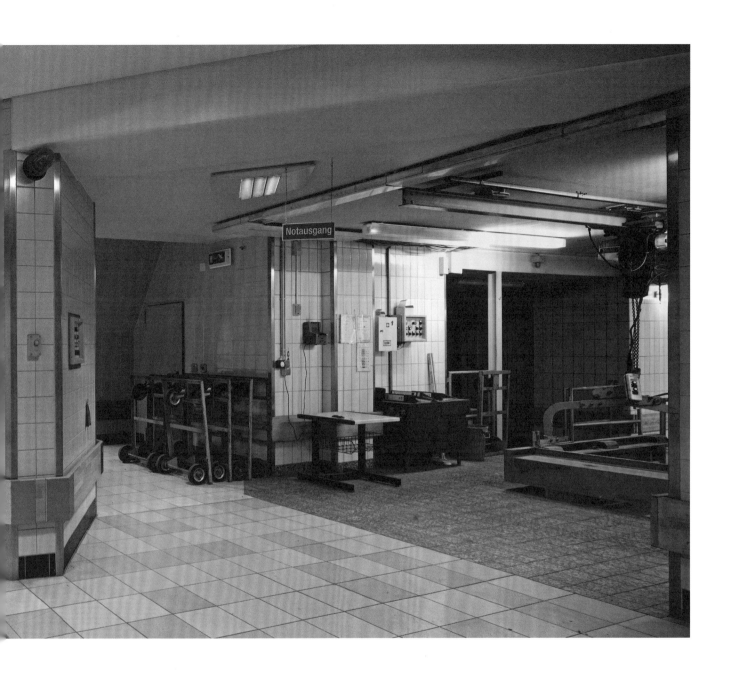

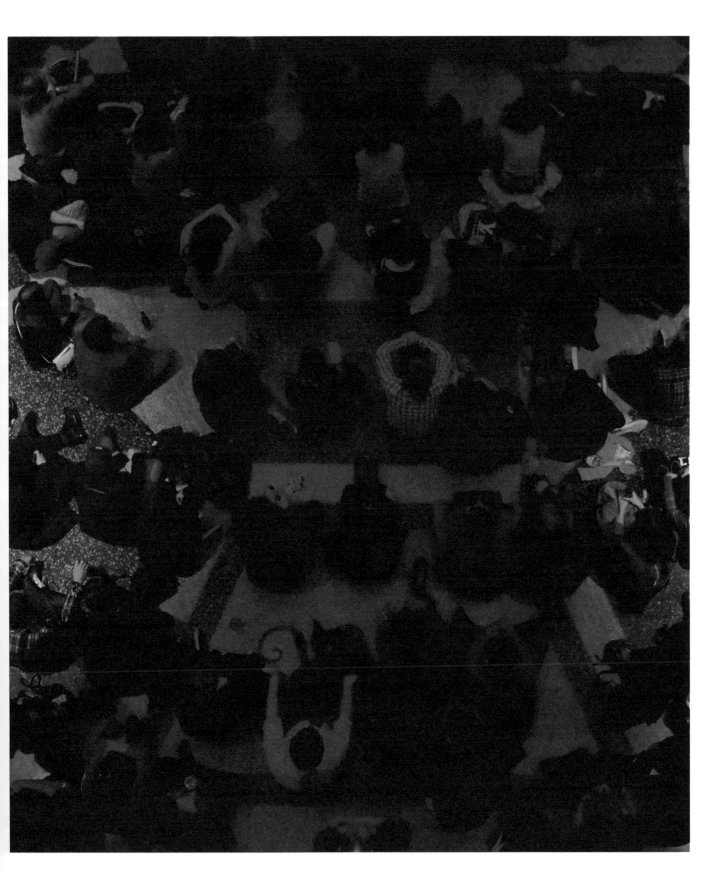

Anmerkungen

1 Tacitus, Germania (98 n. Chr.), Kap. 27: Das private Leben: „(1) Bei den Leichenbegängnissen gibt es kein Gepränge; nur darauf halten sie, dass die Leiber ausgezeichneter Männer mit bestimmten Holzsorten verbrannt werden. (2) Den Scheiterhaufen bedecken sie weder mit Gewändern noch mit Wohlgerüchen; jedem wird seine Rüstung, manchen auch ihr Pferd ins Feuer mitgegeben. Das Grab baut sich aus Rasen auf."

2 Vgl. Henning Winter, Die Architektur der Krematorien im Deutschen Reich 1878–1918, Dettelbach 2001, S. 15.

3 Lat. für Hügelgrab.

4 Zit. nach Max Pauly, Die Feuerbestattung, Leipzig 1904, S. 8.

5 Vgl. ebd.

6 Vgl. Anna-Livia Pfeiffer, Das Ewige im Flüchtigen. Eine Bau- und Zivilisationsgeschichte der Feuerbestattung in der Moderne, Würzburg 2015, S. 19.

7 Winter 2001 (wie Anm. 2), S. 17/18. Zudem war es auch ein indirekter Verweis auf das Auge der Vorsehung, das als Symbol über der französischen Erklärung der Menschen- und Bürgerrechte von 1789 schwebte.

8 Vgl. ebd., S. 18.

9 Im Revolutionszusammenhang mag auch die Leitidee der „égalité", die gleichmachende Wirkung der alles verzehrenden Flamme, eine Rolle gespielt haben. Vgl. ebd.

10 Zit. nach Pauly 1904 (wie Anm. 4), S. 12.

11 Zit. nach Pfeiffer 2015 (wie Anm. 6), S. 29/30.

12 Norbert Fischer, Geschichte des Todes in der Neuzeit, Erfurt 2001, S. 51.

13 Verweltlichung. Im engeren Sinne die durch Humanismus und Aufklärung ausgelösten Prozesse, welche die Bindungen an die Religion gelockert und insbesondere Fragen der Lebensführung der menschlichen Vernunft zugeordnet haben, allgemein als sozialer Bedeutungsverlust von Religion interpretiert.

14 O. V., zit. nach Pfeiffer 2015 (wie Anm. 6), S. 37/38.

15 Jacob Grimm, Über das Verbrennen der Leichen, Berlin 1850, S. 6.

16 Ebd., S. 7.

17 Ebd.

18 Vgl. Pfeiffer 2015 (wie Anm. 6), S. 38–40; Axel Heike-Gmelin, Kremation und Kirche, Berlin 2013, S. 45–48.

19 Die prominentesten Beiträge stammten u. a. von Jacob Moleschott (Der Kreislauf des Lebens, 1852), Johann Peter Trusen (Die Leichenverbrennung als die geeignetste Art der Todtenbestattung, 1855), Carl Heinrich Reclam (15 Aufsätze, u. a. Die Feuerbestattung vom ästhetischen Standpunkt aus, 1875), Johann Jakob Wegmann-Ercolani (Ueber Leichenverbrennung als die rationellste Bestattungsart, 1874) und Friedrich Küchenmeister (Die Feuerbestattung. Unter allen zur Zeit ausführbaren Bestattungsarten die beste Sanitätspolizei des Bodens und der sicherste Cordon gegen Epidemien, 1875).

20 Vgl. Pfeiffer 2015 (wie Anm. 6), S. 50.

21 Vgl. Norbert Fischer, Vom Gottesacker zum Krematorium. Eine Sozialgeschichte der Friedhöfe in Deutschland seit dem 18. Jahrhundert, Köln/Weimar/Wien 1996, S. 216/217; Fischer 2001 (wie Anm. 12), S. 56.

22 Vgl. Sigfried Giedion, Die Herrschaft der Mechanisierung. Ein Beitrag zur anonymen Geschichte, Frankfurt a. M. 1982, S. 270.

23 Vgl. Winter 2001 (wie Anm. 2), S. 21/22. Auch der Begriff „Feuerbestattung" war modern, er ersetzte den vormaligen Begriff der Leichenverbrennung und soll in den 1870er Jahren von Carl Reclam in die Debatte eingeführt worden sein.

24 Vgl. Pfeiffer 2015 (wie Anm. 6), S. 53–56.

25 Zit. nach Arthur Tschirner, 25 Jahre Feuerbestattung in Berlin. Zum 25-jährigen Bestehen des Krematoriums Berlin-Wedding, Berlin 1937, S. 11.

26 Vgl. Karin Mahlich, Das Krematorium in Wedding, Gerichtstraße 37, in:

27 Vgl. Max Pauly, Krematorien, Urnenhallen und Urnenhaine, in: Illustrirte Zeitung, Nr. 3202 (1904), S. 697–700; Rudolf Eschwe, Krematorien, in: Berlin und seine Bauten, Teil 10, Bd. A.3: Anlagen und Bauten für die Versorgung: Bestattungswesen, hg. vom Architekten- und Ingenieurverein zu Berlin, Berlin/München 1981, S. 74–79, hier S. 74.

28 Beide Urnenhallen wurden im Zweiten Weltkrieg zerstört. Die Überreste der Urnenhalle in Friedrichsfelde blieben zunächst stehen, bis sie in den 1950er Jahren abgetragen wurde.

29 Dieser blieb bis 1913 in Betrieb. Die Leichenteile wurden in Holzkästen gelegt und verbrannt, die Aschenreste danach zum Friedhof in Friedrichsfelde überführt. Vgl. dazu Tschirner 1937 (wie Anm. 25), S. 20. Zwischenzeitlich gab es Pläne, nach der Errichtung der Krematorien in Treptow 1913 und in Wilmersdorf 1922 ein viertes Krematorium in der Distelmeyerstraße zu errichten, davon sah man aber ab. Vgl. Jörg Haspel, Klaus v. Krosigk (Hg.), Gartendenkmale in Berlin. Friedhöfe, Petersberg 2008, S. 11–25; Stephan Hadraschek, Tod in der Metropole, in: Moritz Buchner, Anna-Maria Götz (Hg.): transmortale. Sterben, Trauer und Tod in der neueren Forschung, Köln/Weimar/Wien 2016, S. 54–73, hier S. 69.

30 Vgl. Tschirner 1937 (wie Anm. 25), S. 19.

31 Vgl. Mahlich 1990 (wie Anm. 26), S. 173.

32 Der erste kommunale Friedhof wurde um 1800 in der Friedenstraße in Friedrichshain eingeweiht. 1881 folgte als dritter städtischer Friedhof der Friedhof in Friedrichsfelde. Vgl. Erhard Mahler, Friedhofs- und Bestattungswesen, in: Berlin und seine Bauten, Teil 10, Bd. A.3: Anlagen und Bauten für die Versorgung: Bestattungswesen, hg. vom Architekten- und Ingenieurverein zu Berlin, Berlin/München 1981, S. 1–19, hier S. 1.

33 Zit. nach Tschirner 1937 (wie Anm. 25), S. 26.

34 Landesarchiv Berlin, A Pr.Br.Rep. 107-01, Nr. 30. Der städtische Urnenfriedhof mit Urnenhalle in der Gerichtstraße 37/38; der Generalbauinspektor der Reichshauptstadt, Gräberkommissar, 1943. Der 12-seitige geschichtliche Abriss des Friedhofs und der Urnenhalle muss von Arthur Tschirner verfasst worden sein, der Wortlaut ist in großen Teilen identisch mit Tschirner 1937 (wie Anm. 25).

35 Vgl. Max Pauly, Geschichte des Vereins für Feuerbestattung, Teil 2, in: Die Flamme, Nr. 417 (1909), S. 5971–5974, hier S. 5972. Teil 1 erschien in: Die Flamme, Nr. 416 (1909), S. 5954–5956.

36 Vgl. ebd., S. 5972/5973.

37 Vgl. ebd.

38 Vgl. Pauly, 1904 (wie Anm. 27), S. 700.

39 Vgl. Pfeiffer 2015 (wie Anm. 6), S. 282, Anm. 1204.

40 Zit. nach Mahlich 1990 (wie Anm. 26), S. 174.

41 Vgl. Pauly 1909 (wie Anm. 35), S. 5973.

42 Vgl. Max Pauly, Die Beisetzung der Aschenurnen, in: Die Feuer-Bestattung, Nr. 6 (1924), S. 1–3, hier S. 2.

43 Vgl. Jörg Schilling, Distanz halten. Das Hamburger Bismarck-Denkmal und die Monumentalität der Moderne, Göttingen 2006, S. 180, Anm. 300.

44 Vgl. Pauly 1909 (wie Anm. 35), S. 5973.

45 Vgl. ebd.

46 Vgl. Archiv des Bauaufsichtsamts des Bezirks Mitte, Königliches Polizei Präsidium, III. Abteilung, Adolfstr./Ecke Platanenstr., Bd. I, Bl. 1. Müller reichte am 22. August 1908 sieben Entwurfszeichnungen ein.

47 Ebd., Bd. I, Bl. 3.

48 Ebd., Bd. I, Bl. 4.

49 Ebd., n. p.

50 Vgl. Pauly 1909 (wie Anm. 35), S. 5973.

51 Vgl. o. V., in: Die Flamme, Nr. 411 (1909), S. 5913.

52 Minutiös aufgelistet in o. V., Die Grundsteinlegung zur neuen Urnenhalle des Berliner Vereins, in: Die Flamme, Nr. 413 (1909), S. 5930–5934.

53 Vgl. o. V., An unsere Vereinsmitglieder und alle Freunde der Feuerbestattung!, in: Die Flamme, Nr. 405 (1909), S. 5809–5812, hier S. 5810/5811. Die Angaben zu den Kosten sind widersprüchlich: Max Pauly beziffert die Kosten für die Haupthalle mit 152.600 Mark (statt 120.000), vgl. Pauly 1909 (wie Anm. 35), S. 5973. Die deutsche Bauzeitung, die das Projekt 1911 vorstellte, spricht von 215.000 Mark, „einschließlich der Garten-Anlagen", vgl. o. V., Anlagen für Feuerbestattung, in: Deutsche Bauzeitung, Nr. 53 (5.7.1911). Tschirner hingegen beziffert die Kosten der Gesamtanlage samt Flügelbauten nicht mit 300.000, sondern mit 350.000 Mark, vgl. Tschirner 1937 (wie Anm. 25), S. 28; Mahlich 1990 (wie Anm. 26) folgt dieser Einschätzung, S. 174. Vgl. dazu Pfeiffer 2015 (wie Anm. 6), S. 287, Anm. 1227.

54 Vgl. o. V., An unsere Vereinsmitglieder, 1909 (wie Anm. 53), S. 5809. Auch während der Feier nach der Grundsteinlegung im Mai 1909 kam das Modell zur Aufstellung, vgl. o. V., Die Grundsteinlegung, 1909 (wie Anm. 52), S. 5933. Leider hat sich das Modell nicht erhalten. Es ist wahrscheinlich, dass sich dieses Modell im Architekturmuseum der Technischen Universität Berlin befunden hat. Alle Modelle dort fielen einem Brand nach einem Bombentreffer im Zweiten Weltkrieg zum Opfer, lt. mündlicher Auskunft des Architekturmuseums der TU Berlin.

55 Bezug: o. V., Urnenhalle für einen städtischen Begräbnisplatz in Berlin-Wedding, in: Architektonische Rundschau, Nr. 10 (1908), S. 75, 78.

56 Vgl. o. V., An unsere Vereinsmitglieder, 1909 (wie Anm. 53), S. 5810.

57 Die Zahl stammt von Pauly, vgl. Pauly 1909 (wie Anm. 35), S. 5973. Vgl. o. V., An die Mitglieder des Berliner Vereins und alle Freunde der Feuerbestattung!, in: Die Flamme, Nr. 410 (1909), S. 5889.

58 Vgl. ebd.

59 Der einzige Beitrag der modernen Forschung zu Müllers Werk stammt von Ulrich Reinisch, „Das Diskrete der Formgebung": William Müller und die Villa Troplowitz in Hamburg, in: Oscar Troplowitz. Ein Leben für Hamburg, Ausst.-Kat. Hamburger Kunsthalle, Hamburg 2013, S. 122–141. Zu einer Werkübersicht Müllers vgl. Pfeiffer 2015 (wie Anm. 6), S. 284 und den Eintrag zu William Müller, in: Allgemeines Künstlerlexikon (AKL).

60 Das Landhaus für Dr. Moll zeigt den Einfluss des englischen Baugedankens, vgl. Reinisch 2013 (wie Anm. 59), S. 130.

61 Vgl. Brief von William Müller an Hermann Muthesius vom 10. Oktober 1905 im Werkbundarchiv des Museums der Dinge, Berlin, Nr. D 102-01111. Muthesius und Müller lernten sich offenbar später besser kennen, denn Muthesius wandte sich im Jahr 1908 an Müller, weil er ihn seinem Nachbarn Hermann Freudenberg für die Neugestaltung des renommierten Kaufhauses Hermann Gerson am Werderschen Markt empfohlen hatte, vgl. Brief von Hermann Muthesius an William Müller vom 6. April 1908, Nr. D 102-00465.

62 Diese hatte bereits zu Lebzeiten Müllers begonnen. Hermann Jansen gab bereits 1912 als „Freundschaftsdienst" einen „Teil seiner letzten Werke" heraus, als feststand, dass dieser unheilbar erkrankt war – „ein erster künstlerischer Gruß an die Fachwelt – der Abschiedsgruß des Künstlers", wie Jansen es im Nachruf formulierte. Vgl. Emil Högg, William Müller und sein Werk, in: Der Baumeister, H. 11 (1912), S. 121–132; Hermann Jansen, William Müller (Nachruf), in: Der Baumeister, H. 6 (1913), n. p. Zusätzliche Würdigungen, in: o. V., William Müller – ein deutscher Baumeister, in: Deutsche Bauhütte, Nr. 46 (1913), S. 621/622; o. V., Der Architekt William Müller, in: Deutsche Bauzeitung, Nr. 15 (1913); o. V., William Müller, in: Neudeutsche Bauzeitung, Nr. 10 (1913), S. 194/195; Nr. 15 (1913), S. 277/278, Nr. 17 (1913), S. 311.

63 Bei den Objekten ohne Datierung waren diese nicht zu ermitteln, bei den meisten Bauten muss aber der Zeitraum zwischen 1905 und 1912 angenommen werden.

64 O. V., Architektur und Leichenbrand, in: Deutsche Feuerbestattungs-Zeitung, Nr. 3 (1909), S. 36.

65 William Müller, Die Urnenhalle in Berlin, in: Deutsche Feuerbestattungs-Zeitung, Nr. 5 (1909), S. 66.

66 O. V., in: ebd., S. 66/67.

67 Vgl. dazu Paul Marg, Die Feuerbestattung auf der Städtebau-Ausstellung in Berlin-Charlottenburg, in: Die Flamme, Nr. 438 (1910), S. 6239/6240. Vgl. auch W. L., Architektonisches von der allgemeinen Städtebau-Ausstellung zu Berlin, in: Berliner Architekturwelt, Nr. 4 (1911), S. 123–125, Abb. 199–202, 205; Theodor Goecke, Allgemeine Städtebau-Ausstellung Berlin 1910, in: Der Städtebau, Jg. 7 (1910), S. 90–92.

68 Berliner Tageblatt, 17. September 1910.

69 Vgl. Pfeiffer 2015 (wie Anm. 6), S. 288. Paul Marg, Die neue Urnenhalle in Berlin, in: Die Flamme, Nr. 451 (1911), S. 4/5.

70 Die Maße der Nischen: 69 cm hoch, 38 cm tief. Vgl. ebd.

71 Pauly, Krematorien und Urnenhallen, in: Die Bauwelt, Nr. 116 (1911), S. 41–46, hier S. 46.

72 O. V., Die Berliner Urnenhalle, in: Deutsche Kunst und Dekoration, Bd. 28 (1911), S. 364.

73 Hier schwanken die Zahlen, je nach Quelle. Bei Marg 1911 (wie Anm. 69), S. 5, ist von 1300 Ascheresten die Rede. Tschirners Statistik führt an, dass bis 1937 in der Urnenhalle 4200 Aschereste beigesetzt wurden, vgl. Tschirner 1937 (wie Anm. 25), S. 52.

74 Marg 1911 (wie Anm. 69), S. 5.

75 In der neueren Forschung einzig von Pfeiffer bemerkt, vgl. Pfeiffer 2015 (wie Anm. 6), S. 288.

76 Die Greife, „über deren Beziehung zur Feuerbestattung man sich vergeblich den Kopf zerbricht", wurden bei der Besichtigung durch den Verein kritisiert. Zudem seien sie „in einem Stein von abweichender Farbe ausgeführt". Vgl. o. V., Besichtigung der Neubauten des Berliner Krematoriums, in: Die Flamme, Nr. 560 (1916), S. 180.

77 Kühn schuf um 1908/09 auch den Bauschmuck für die Friedrichstadtpassagen, das heutige Tacheles, den Schmuck für das Kaufhaus Moritz Mädler (Leipziger Straße 58, 1910/11), das Geschäftshaus Wallstraße 15 und 15a und später das Geschäftshaus der „Zürich"-Versicherung (Mohrenstraße/Taubenstraße 4–6, 1913/15).

78 Vgl. Reinisch 2013 (wie Anm. 59), S. 136/137. Dort erfolgt aber fälschlich die Zuschreibung zu Richard Guhr. In der Beilage des Baumeisters von 1913 findet sich die richtige Zuschreibung zu Richard Kühn, vgl. Der Baumeister, H. 6 (1913), Beilage, S. B111.

79 Beim Bau des Jugendstilhauses (1906) für Alfred Levysohn in der Händelstraße 10, später Lessingstraße 58, vgl. Bertram Janiszewski, Das alte Hansa-Viertel in Berlin, Berlin 2000, S. 80/81.

80 U. a. Ignatius Taschner, Otto Lessing, Josef Rauch, Georg Wrba oder Anton Vogel.

81 Für diesen Hinweis danke ich Ralf Schmiedecke. Zu den Bildhauern um Ludwig Hoffmann vgl. Dörte Döhl, Ludwig Hoffmann. Bauen für Berlin 1896–1924, Berlin 2004.

82 Vgl. Winter 2001 (wie Anm. 2), S. 172–179; o. V., Der 14. Verbandstag in Dessau, in: Die Flamme, Nr. 437 (1910), S. 6218–6223, Nr. 438 (1910), S. 6233–6235; o. V., Anlagen für Feuerbestattung. 1. Krematorium der Stadt Dessau, in: Deutsche Bauzeitung, Nr. 53 (1911), S. 449/450. Vgl. Anhaltinischer Staats-Anzeiger, 15. und 19.5.1910.

83 Vgl. o. V., Das Krematorium Berlin-Wedding – Max Pauly's Werk, in: flamma, H. 74 (1930), S. 1260/1261.

84 Die Schilderung der Einweihungsfeierlichkeiten lehnt sich an folgenden Artikel an: o. V., Einweihung der neuen Urnenhalle in Berlin, in: Die Flamme, Nr. 445 (1910), S. 6325–6329.

85 Vgl. o. V., Das Krematorium Berlin-Wedding, 1930 (wie Anm. 83), S. 1260/1261.

86 O. V., Das erste Krematorium in Preußen genehmigt!, in: Die Flamme, Nr. 489 (1912), S. 229–231, hier S. 230.

87 Vgl. Mahlich 1990 (wie Anm. 26), S. 174. Bei o. V., Die Berliner Stadtverordneten über den Ankauf der vom Verein für Feuerbestattung erbauten Urnenhalle, in: Die Flamme, Nr. 471 (1911), S. 310, ist der Verkaufspreis davon abweichend mit etwa 220.000 Mark beziffert. In Paul Marg: Die Einweihung des Krematoriums in Berlin, in: Die Flamme, 29. Jg., Nr. 497 (1912), S. 358–361, hier S. 360, werden in der Eröffnungsrede des Vereinsvorsitzenden Philipp Herzberg ebenfalls 220.000 Mark und folgende Kosten und Zahlen genannt: Halle, Urnenhain, Öfen und sonstige Einrichtungen, Gesamtkosten: 329.000 Mark. Einnahmen des Vereins durch die Vermietung von Urnenplätzen: 106.000 Mark. Daraus ergab sich der Verkaufspreis an die Stadt von 220.000 Mark, den Magistrat, Stadtverordnetenversammlung und das Kuratorium für das Bestattungswesen einstimmig annahmen. Vgl. ebd.

88 Vgl. o. V., Das Krematorium von Berlin, in: Die Flamme, Nr. 496, Titelseite, n. p.

89 Vgl. Marg 1912 (wie Anm. 87), S. 358.

90 Die anderen Vorträge: „Feuerbestattung und Pietät" (Dr. Brackenhoeft), „Moderne Feuerbestattung und ihre geschichtliche Entwicklung" (Prof. Waldstein), „Die Feuerbestattung als Kulturfortschritt" (Dr. Witt), „Feuerbestattung in Berlin" (Dr. med. Wegscheider), vgl. ebd.

91 Es ist wahrscheinlich, dass Müller sich bereits zu diesem Zeitpunkt in einem Sanatorium in Braunlage befand, in dem er im Februar des folgenden Jahres auch verstarb, vgl. Nachrufe in Anm. 62.

92 Die Schilderung der Feier folgt Marg 1912 (wie Anm. 87).

93 Berliner Lokal-Anzeiger, 24. November 1912.

94 Ebd., 29. November 1912.

95 Vgl. Mahlich 1990 (wie Anm. 26), S. 175. Die offiziellen Einäscherungsregister des Krematoriums, die Mahlich lückenlos vorlagen, konnten zur Überprüfung nicht mehr eingesehen werden. Das Garten- und Grünflächenamt des Bezirks Berlin-Mitte gab an, dass diese nach der Schließung des Krematoriums nicht aufbewahrt wurden.

96 Vgl. Heike-Gmelin 2013 (wie Anm. 18), S. 148.

97 Vgl. Mahlich 1990 (wie Anm. 26), S. 175.

98 Zit. nach Marg 1912 (wie Anm. 87), S. 359.

99 Vgl. Landesarchiv Berlin, A Rep 009-1336, der Prozess Krause & Genossen gegen die Stadtgemeinde Berlin.

100 Vgl. Akten des Bauaufsichtsamts des Bezirks Mitte, Königliches Polizei Präsidium, III. Abteilung, Adolfstr./Ecke Platanenstr., Anlage zur Baugenehmigung vom 7. Oktober 1913.

101 Die Urne wurde in der Urnenhalle beigesetzt, die Grabtafel für den Architekten wurde im Innenhof errichtet und beim Umbau des ehemaligen Krematoriums zum silent green Kulturquartier im Jahr 2014/15 in Absprache mit dem Denkmalamt des Bezirks Mitte entfernt.

102 Vgl. Archiv des Bauaufsichtsamts des Bezirks Mitte, Königliches Polizei Präsidium, III. Abteilung, Adolfstr./Ecke Platanenstr., n. p.

103 Das Fassungsvermögen der Kuppelhalle wurde mit 1250 Urnen inklusive der Krypta angegeben. Vgl. o. V., Besichtigung der Neubauten des Berliner Krematoriums, in: Die Flamme, Nr. 560 (1916), S. 179/180.

104 Zit. nach Mahlich 1990 (wie Anm. 26), S. 176.

105 Da die Einäscherungsregister von der Autorin nicht mehr eingesehen werden konnten, lehnt sich die folgende Aufzählung eng an die Schilderung von Katrin Mahlich an. Vgl. ebd., S. 176/177, vgl. Anm. 95.

106 In dieser Zeit ein Begriff, mit dem Menschen bezeichnet wurden, die keiner der anerkannten offiziellen Glaubensgemeinschaften angehörten, und solche, die ausgetreten waren.

107 Vgl. ebd., S. 175.

108 Vgl. ebd.

109 Vgl. Hadraschek 2016 (wie Anm. 29), S. 69/70.

110 Vgl. o. V., in: Deutsches Philologen-Blatt, H. 8 (1915), S. 121/122.

111 Vgl. Klaus Taubert, Die Asche des Stararchitekten Bruno Schmitz: Odyssee einer Urne, Spiegel Online, 29.5.2014: http://www.spiegel.de/einestages/die-asche-des-architekten-bruno-schmitz-odyssee-einer-urne-a-971249.html. Abgerufen am 1.2.2017.

112 Weitere prominente Bestattete in dieser Zeit: Der Schriftsteller Leon Treptow (1916) sowie Lina von Slevogt (1913), die Mutter des Malers Max von Slevogt.

113 Vgl. Mahlich 1990 (wie Anm. 26), S. 178.

114 Vgl. Hadraschek 2016 (wie Anm. 29), S. 69.

115 Zit. nach http://www.freidenker.org/cms/dfv/index.php?option=com_content&view=article&id=474:100-jahre-freidenker-fuer-feuerbestattung&catid=43:weltliche-bestattungs-und-trauerkultur&Itemid=71. Abgerufen am 20.2.2017.

116 Jochen-Christoph Kaiser, Arbeiterbewegung und organisierte Religionskritik. Proletarische Freidenkerverbände in Kaiserreich und Weimarer Republik, Stuttgart 1981, S. 63/64.

117 Vgl. o. V., Ansprachen, gehalten anlässlich der 50.000. Einäscherung im Krematorium Berlin, Gerichtstraße, am 19. März 1927, in: Die Flamme, Nr. 689 (1927), S. 4–8, hier S. 8.

118 Max Sievers, 25 Jahre Freidenker, in: Vorwärts, Nr. 194, 26.4.1930.

119 Zit. nach Kaiser 1981 (wie Anm. 116), S. 67.

120 Vgl. Mahlich 1990 (wie Anm. 26), S. 178/179.

121 Vgl. Kaiser 1981 (wie Anm. 116), S. 70.

122 Vgl. ebd., S. 78/79.

123 Landesarchiv Berlin, A Rep. 009, Nr. 1334. Akten des Magistrats Berlin betreffend der Einrichtung einer provisorischen Einsegnungshalle auf dem Friedhof in der Gerichtstraße 37/8.

124 Vgl. ebd.

125 Vgl. Max Pauly, Die Beisetzung der Aschenurnen, in: Die Flamme, Nr. 652 (1924), S. 5–8, hier S. 8.

126 Im Jahr 2010 wurde die Urnenwand in das neue Kolumbarium samt Trauerhalle eingegliedert, das nach einem Entwurf von Haasch-Architekten auf dem Friedhof entstand.

127 Vgl. Tschirner 1937 (wie Anm. 25), S. 33; vgl. o. V., Das Krematorium Berlin-Wedding, eine deutsche Musteranlage. Fünf Vorträge, in: Die Volksfeuerbestattung, Nr. 3, 4 und 6 (1928), Vortrag von Stadtrat Bock, in: ebd., Nr. 4, n. p.

128 Vgl. Vortrag Magistratsoberbaurat Hellwig, in: ebd.

129 Vgl. ebd.

130 Vgl. ebd.

131 Die genaue Lage dieses Raums konnte nicht ermittelt werden.

132 Vgl. o. V., Ansprachen, 1927 (wie Anm. 117).

133 Vgl. ebd.

134 Vgl. o. V., Das Krematorium Berlin-Wedding, 1928 (wie Anm. 127).

135 Arthur Tschirner, 20 Jahre Krematorium Berlin-Wedding, in: flamma, H. 91 (1932), S. 1525–1527, hier S. 1527.

136 Ihr Grab ist nicht mehr erhalten.

137 Vgl. den Vortrag von Gernot Bandur, 100 Jahre Urnenhalle, S. 18. Online: http://www.berlin.freidenker.org/wp-content/uploads/100-jahre-urnenhalle.pdf. Abgerufen am 8.12.2016.

138 Gerhild Komander, Der Wedding: Auf dem Weg von Rot nach Bunt, Berlin 2006, S. 100.

139 Er war am 27. November gestorben. Im letzten Lebensjahr wurde Pauly zum Ehrenvorstandsmitglied des Großdeutschen Verbandes für Feuerbestattung ernannt, vgl. Zeitschrift für Feuerbestattung, Nr. 5 (1930), n. p.

140 Vgl. Mitte Museum, Bezirksamt Mitte von Berlin, Fotosammlung, Beschriftung eines Zeitungsartikels zur Gedenktafel.

141 Vgl. Hans-Rainer Sandvoß, Widerstand im Wedding, Berlin 2003 (2. Aufl.), S. 19/20.

142 Vgl. Mahlich 1990 (wie Anm. 26), S. 179.

143 Paul Mühling, Der Großdeutsche Verband und Deutschlands Erwachen, in: Zentralblatt für Feuerbestattung, Nr. 3 (1933), n. p.

144 Ders., Der Altmeister. Eine Phantasie über Max Pauly, in: Zentralblatt für Feuerbestattung, 3. Jg. (1930), Nr. 1, S. 3–5.

145 Mühling 1933 (wie Anm. 143).

146 Diese Regularien sind gelockert worden, mittlerweile sind Urnenbestattungen zur See und in einem Friedwald möglich. In Bremen ist das Gesetz von 1934 bis heute gültig.

147 Vgl. Mahlich 1990 (wie Anm. 26), S. 180.

148 Vgl. Veröffentlichungen des Großdeutschen Verbandes für Feuerbestattungsvereine, Berlin/Königsberg, 5.1934–13.1936.

149 Die durch das NS-Regime erzwungene Selbstauflösung der Partei erfolgte im Juni 1933, viele ihrer Mitglieder gingen in den Widerstand. Ehemalige DDP-Mitglieder waren nach dem Ende des Zweiten Weltkriegs an der Gründung der FDP beteiligt, u. a. Theodor Heuss.

150 Landesarchiv Berlin, C Rep. 031-02-16, Ermittlung Nr. 1230 (Entnazifizierung). Der Parteibeitritt erfolgte am 1. Mai 1933, vgl. Bundesarchiv, NSDAP-Mitgliederkartei.

151 Sein Grabstein stand lange auf dem Urnenfriedhof Gerichtstraße und liegt heute vor dem ehemaligen Krematorium Berlin-Wedding.

152 Diese bedeutsamste Quelle für die Geschichte des Krematoriums in der NS-Zeit befindet sich heute im Mitte Museum Berlin: Geschichte des Krematoriums Berlin-Wedding, hg. aus Anlass des 40jährigen Bestehens am 24. November 1952 vom Bezirksamt Wedding von Berlin, Maschinenschrift, unveröffentlicht. Wie auch die Einäscherungsregister des Krematoriums stand das Manuskript der Verfasserin nicht zur Verfügung, da das Mitte Museum bis 2018 renoviert wird und die Bibliotheksbestände in dieser Zeit unter Verschluss sind. Daher folgen die Ausführungen der Autorin zu den Ereignissen 1933–1945 der Schilderung Katrin Mahlichs, die diese Schrift als erste Quelle für die Rekonstruktion der Ereignisse 1933–1945 umfassend heranzieht und zitiert. Vgl. Mahlich 1990 (wie Anm. 26), S. 180–187.

153 Dora Lösche, zit. nach Sandvoß 2003 (wie Anm. 141), S. 51/52.

154 Am 4. Dezember 1950 wurde seine Grabstätte in der „Gedenkstätte der Sozialisten" in die Reihe der Gräber von Wilhelm und Karl Liebknecht, Paul Singer, Carl Legien, Theodor Leipart und Franz Künstler eingegliedert.

155 Vgl. auch Fischer 2001 (wie Anm. 12), S. 80.

156 Zit. nach Mahlich 1990 (wie Anm. 26), S. 181.

157 Das Ehepaar von Schleicher wurde am 30. Juni 1934 von SS-Männern im gemeinsamen Haus in Neubabelsberg erschossen.

158 Zit. nach Mahlich 1990 (wie Anm. 26), S. 182.

159 Vgl. ebd., S. 184.

160 Geschichte des Krematoriums Berlin-Wedding, 1952 (wie Anm. 152), S. 10, zit. nach Mahlich 1990 (wie Anm. 26), S. 184. Obwohl auch Mahlich die Namen der fünf eingeäscherten Widerständler nicht ausdrücklich nennt, ist es mehr als wahrscheinlich, dass es sich dabei um den Stauffenberg-Kreis handelt. Die Entkleidung der Männer vor ihrer Anlieferung in das Krematorium muss als Versuch gewertet werden, die Identifizierung der Männer zu erschweren, die zuvor in ihren Uniformen auf dem St.-Matthäus-Friedhof Schöneberg beerdigt worden waren. Ein eindeutiger Nachweis für die Verbrennung der Widerständler vom 20. Juli 1944 im Krematorium Berlin-Wedding lässt sich nicht mehr ermitteln, zu gründlich wurden alle Spuren durch die Gestapo verwischt und entsprechende Unterlagen vernichtet. Vgl. Peter Hoffmann, Widerstand, Staatsstreich, Attentat. Der Kampf der Opposition gegen Hitler, München 1985 (4. Aufl.), S. 628, und Anm. 30, S. 862. Nachforschungen bei der Gedenkstätte Deutscher Widerstand und im Bundesarchiv blieben ergebnislos, ebenso entsprechende Nachfragen bei den Historikern Rainer Sandvoß, Johannes Tuchel, Peter Hoffmann und Bernd Schimmler. Die mündlichen Berichte der Zeitzeugen in der unveröffentlichten Geschichte des Krematoriums von 1952 sind der einzige Hinweis.

161 Mahlich 1990 (wie Anm. 26), S. 184.

162 Vgl. Hoffmann 1985 (wie Anm. 160), S. 628.

163 Marc Zirlewagen, Eintrag zu Wilhelm Dieckmann, in: Biographisch-Bibliographisches Kirchenlexikon (BBKL). Nordhausen 2005, Bd. 24, Sp. 501–504.

164 Mahlich 1990 (wie Anm. 26), S. 185. Zu den Widerständlern, die vermutlich ebenfalls im Wedding eingeäschert wurden, gehörte auch Otto Schmirgal (1900–1944), ein Kommunist und BVG-Funktionär, der, wie Albert Kayser (1898–1944), beim BVG-Streik 1932 der Streikleitung angehört hatte und ab 1933 wegen illegaler Arbeit mehrfach, zuletzt 1942, verhaftet wurde. Er wurde zum Tode verurteilt und in Brandenburg hingerichtet. Ein Ehrengrab der Stadt Berlin für Schmirgal und Kayser befindet sich auf dem Urnenfriedhof Wedding, Seestraße.

165 Vgl. Archiv des Bauaufsichtsamts des Bezirks Mitte, Bauakten zur Gerichtstraße 37/38, n. p. Aus den Wittenauer Heilstätten wurde später die Karl-Bonhoeffer-Nervenklinik.

166 Vgl. auch Paul Mühling, Der Lichtgedanke und die Feuerehrung, Königsberg 1941; vgl. ebenfalls Veröffentlichungen des Großdeutschen Verbandes der Feuerbestattungsvereine, Berlin/Königsberg 5.1934–13.1936. Der Sonnenkult äußerte sich von den Sonnwendfeuern der Wandervögel bis zur Kampfzeitschrift für den völkisch und nordisch gesinnten Deutschen, „Die Sonne". Hitlers Chefideologe Alfred Rosenberg hatte an der Verbreitung der völkischen Licht- und Sonnenideologie entscheidenden Anteil, vgl. Ernst Piper, Hitlers Chefideologe Alfred Rosenberg, München 2005, Kap. 5: Vom Mythos zum Mythus.

167 Tschirner 1937 (wie Anm. 25), S. 42.

168 Ebd., S. 44.

169 Ebd., S. 45. Wo die annähernd 400 Urnen aus der Osthalle untergebracht wurden, in den Kolumbarien, auf dem Urnenhain oder in einer der beiden Urnenmauern auf dem Friedhof Gerichtstraße, lässt sich nicht mehr ermitteln.

170 Ebd., S. 44.

171 Ebd.

172 Die Feuerbestattung: Zeitschrift zur Förderung der Feuerbestattung; Organ des Großdeutschen Verbandes der Feuerbestattungsvereine e. V. und Mitteilungen der Großdeutschen Feuerbestattung. Berlin, 8.1936–15.1943.

173 Vgl. Tschirner 1937 (wie Anm. 25), S. 8.

174 Die Datierung kann nicht mit Sicherheit ermittelt werden. Das Foto des Mitte

Museums ist 1928 datiert, da ist die Tafel schon zu sehen, Tschirners Text erweckt aber den Eindruck, die Tafel sei entweder 1934 bei der Neukachelung des Ofenraums oder 1936/37 anlässlich des 25. Jubiläums angebracht worden, eine Angabe zum Künstler findet sich nirgendwo. Vermutlich wurde das Foto aus dem Mitte Museum falsch datiert, eine Anbringung der Tafel während der 1930er Jahre ist wahrscheinlich.

175 Tschirner 1937 (wie Anm. 25), S. 39. Im gleichen Wortlaut auch in Arthur Tschirner, Europas größtes Krematorium Berlin-Gerichtstraße, in: Die Feuerbestattung, Nr. 3 (1938), S. 29/30.

176 Vgl. Die Feuerbestattung, Nr. 1 (1940), S. 14 und Nr. 2 (1940), S. 30.

177 Vgl. Mahlich 1990 (wie Anm. 26), S. 182/183. Aus welchem Lager sie stammten und ob diese Urnen tatsächlich verwendet wurden, lässt sich nicht mehr ermitteln.

178 Vgl. Bernd Schimmler, Dokumentation: Luftkriegsschäden im Wedding, in: Panke-Postille, Nr. 54 (2016), S. 25. Vgl. auch Mahlich 1990 (wie Anm. 26), S. 183.

179 Vgl. ebd., S. 183/184.

180 Ebd., S. 186

181 Vgl. ebd.

182 Landesarchiv Berlin, F Rep 280-2276: Rathaus Wedding, Das Krematorium Wedding nach dem Zusammenbruch, 1945, S. 1.

183 Ebd., S. 2.

184 Landesarchiv Berlin, F Rep 280-3703: Jahresbericht des Bezirksamts Wedding, Park-, Garten- und Friedhofsverwaltung einschl. Krematorium und Bestattungsamt vom 16. April 1946, S. 1.

185 Die Widerständler um Graf Stauffenberg, die das Attentat auf Hitler geplant und durchgeführt hatten.

186 Vgl. Die 200.000. Einäscherung, in: Tagesspiegel, 2.7.1946.

187 Der Anlaß, in: Kurier, 20.1.1950.

188 Vgl. Biografie Max Sievers von Gernot Bandur (2007), online: http://www.berlin. freidenker.org/?page_id=151. Abgerufen am 16.2.2017.

189 Mündliche Auskunft von Eduard Marder, Deutscher Freidenker-Verband, Landesverband Berlin.

190 Geschichte des Krematoriums Berlin-Wedding 1952 (wie Anm. 152).

191 Vgl. Landesarchiv, C Rep. 031-02-16, Ermittlung Nr. 1230 (Entnazifizierung): 2.6.1950, Spruchausschuss Wedding von Groß-Berlin.

192 O. V., Am Rande bemerkt, in: Tagesspiegel, 25.1.1955.

193 Mündliche Auskunft von Cornelia Gräser-Becker, Krematoriumsleiterin (1992–2002).

194 Vgl. o. V., 40 Jahre Krematorium, in: Spandauer Volksblatt, 30.10.1952.

195 Der „Kulturbund zur demokratischen Erneuerung Deutschlands" war 1945 mit Genehmigung der Sowjetischen Militäradministration (SMAD) gegründet worden und zunächst eine überparteiliche Vereinigung auf der Basis von Antifaschismus und Humanismus, wurde jedoch nach Gründung der DDR 1949 eine Organisation, die der SED beim Aufbau der „sozialistischen Kulturlandschaft" dienen sollte.

196 Zusammen mit der Sowjetunion betrieb die SED die Spaltung der Stadt. Unter anderem durch Nichtanerkennung des gewählten Oberbürgermeisters Ernst Reuter und die Blockade der Westsektoren Berlins 1949, die offiziell mit der von den West-Alliierten kurz zuvor durchgeführten Währungsreform in ihren Verwaltungszonen begründet wurde, jedoch als Druckmittel gewertet werden muss, erst Berlin und dann Deutschland in das politische und wirtschaftliche System der SBZ einzuordnen.

197 Vgl. Berlin. Chronik der Jahre 1951–1954, hg. vom Senat von Berlin, Berlin 1968, S. 478/479.

198 Vgl. Zehntausend Berliner gaben Fritz Schönherr das letzte Geleit. Westberliner

Bevölkerung wehrte erfolgreich den Terror der Stumm-Polizei ab, in: Neues Deutschland, 31.8.1952. Die Urne Schönherrs wurde am 2. September 1952 auf dem Luisen-Friedhof I, Guerickestraße 6–9, beigesetzt.

199 Ebd.

200 Vgl. ebd. und online: http://www.gedenktafeln-in-berlin.de/nc/gedenktafeln/ gedenktafel-anzeige/tid/erich-steinfurth-fr/. Abgerufen am 18.1.2017.

201 O. V., Neue Repressalien gegen Frau Dr. Groscurth. Frontstadt-Terror gegen Berlins Werktätige, in: Neues Deutschland, 31.1.1956.

202 O.V., Trauerfeier für Luise Kähler trotz Polizeiterrors, in: Neues Deutschland, 30.9.1955.

203 Lothar Heinke, 17. Juni 1953: Das jüngste Oper war erst vierzehn, in: Der Tagesspiegel, 17.6.2008.

204 Vgl. online: http://www.17juni53.de/tote/roehling.html. Abgerufen am 20.2.2017.

205 Vgl. Chronik der Mauer, online: http://www.chronik-der-mauer.de/ todesopfer/171438/siekmann-ida#footnode3-4. Abgerufen am 10.3.2017.

206 Vgl. o. V., Sprung in den Tod um frei zu sein, in: Berliner Morgenpost, 23.8.1961, sowie o. V., Flucht-Sprung in den Tod, in: Bild-Zeitung, 23.8.1961.

207 Vgl. Chronik der Mauer, online: http://www.chronik-der-mauer.de/ todesopfer/171438/siekmann-ida. Abgerufen am 10.3.2017.

208 Walter Kirchhoff, Heinz Naumann, Die Feuerbestattung in Berlin. Die Krematorien in Berlin und ihre Auslastung in kommunalpolitischer Sicht, Teil 1, hg. von der Volks-Feuerbestattung V.V.a.G., Berlin 1961.

209 Es wurden dem Bezirk dafür im Jahr 1969 295.000 Mark bewilligt, vgl. o. V., Krematorium wird größer, in: Berliner Morgenpost, 20.5.1969.

210 Vgl. o. V., Krematorien stark belastet, in: Tagesspiegel, 19.5.1968.

211 Vgl. rbb-Abendschau, Kein Platz für Leichen, 9.1.1970; o. V., Bestattungsnotstand, in: Der Spiegel, 26.1.1970. Vgl. o. V., Notstand in den Krematorien, und Wohin mit den Särgen? in: B.Z., 3. und 6.1.1970; Günter Werz, Sterbe-Notstand in West-Berlin, in: Frankfurter Rundschau, 5.1.1970; o. V., Särge jetzt im U-Bahn-Tunnel, und o. V., Sterbequote zu hoch, in: Bild, 7. und 9.1.1970; o. V., In den Berliner Krematorien beträgt die Wartezeit mindestens zehn Tage, in: Welt, 9.1.1970.

212 Vgl. o. V., Vierter Ofen für Krematorium, in: Der Tagesspiegel, 10.4.1970.

213 Mündliche Auskunft von Bernd Schimmler, Baustadtrat des Bezirks Wedding 1992–2000 und in den 1980er Jahren Mitglied der Bezirksverordnetenversammlung Wedding.

214 Unter Leitung des Krematoriumsleiters Mrotzek.

215 Lt. Artikel aus einer nicht weiter bezeichneten Berliner Lokalzeitung (Telegraf?) vom 19.12.1954, der, ausgeschnitten und auf einer Pappe aufgeklebt, im Mitte Museum Berlin aufbewahrt wird.

216 Godehard Döring, ehemalige Friedhofsverwaltung Wedding, in einer unveröffentlichten Notiz zur Entstehung der Urnensammlung anlässlich der Ausstellung „Urnen aus aller Welt", im Oktober 2007, die vom Bestattungsunternehmen Schmidt & Co ausgerichtet wurde. Mit freundlicher Genehmigung von Martina Gohlke, Schmidt & Co Bestattungen, Berlin.

217 Vgl. ebd.

218 Lt. mündlicher Auskunft (23.2.2017) des Büros Schultes Frank Architekten war dies ein „Einladungs-Wettbewerb", demnach ein geschlossener Wettbewerb. Die Stadt Berlin lud nur ausgewählte Architekturbüros ein, einen Entwurf einzureichen. Bei einem offenen Wettbewerb findet keine solche Vorauswahl statt, es können sich alle Büros bewerben, welche die Ausschreibungskriterien erfüllen.

219 Vgl. Archiv des Bauaufsichtsamts des Bezirks Mitte, Bauakten zur Gerichtstraße 37/38, Unterlagen zur unterirdischen Parentationshalle, n. p.

220 Vgl. Haspel/v. Krosigk 2008 (wie Anm. 29), S. 169.

221 Die Bauplanungsunterlagen wurden im Dezember 1993 genehmigt, Baubeginn war im Januar 1994. Vgl. Archiv des Bauaufsichtsamts des Bezirks Mitte, Bauakten zur Gerichtstraße 37/38, Bauplanungsunterlagen unterirdische Parentationshalle, n. p.

222 Diese Baumethode gilt als umweltfreundlicher, da den umgebenden Bäumen durch das ständige Abpumpen des nachlaufenden Grundwassers nicht das Wasser entzogen wird. Vgl. Uta Grütter, Arbeitsplatz unter Wasser. Taucher betonieren die Sohle für unterirdisches Krematoriumsgebäude, in: Berliner Zeitung, 14.4.1994.

223 Die Gesamtgröße der unterirdischen Anlage beträgt mit Zufahrtsrampe, Pathologie, Tiefkühlbereich, Technik- und Personalräumen 1900 Quadratmeter.

224 Die Software für die vollautomatisierte Anlage musste mehrfach nachgebessert werden und lief erst nach eineinhalb Jahren verhältnismäßig reibungslos. Im Tagesbetrieb kam es oft zu einer Überlastung des Systems, wenn gleichzeitig bis zu 80 Särge angeliefert wurden und in den Hochzeiten bis zu 50 Särge für die tägliche Leichenschau vor den elf Öffnungen zur Pathologie platziert werden mussten, mündliche Auskunft von Cornelia Gräser-Becker.

225 Burkhard Madea, Das Erfordernis der zweiten Leichenschau, in: M. Kriebel, F. Pasic, T. Spranger (Hg.), Handbuch des Feuerbestattungswesens, Stuttgart 2014, S. 126–144, hier S. 126.

226 Ulf Goettges, Berlins neues Roboter-Leichenhaus, in: Bild, 13.2.1996.

227 Thekla Dannenberg, Roboter als letzte Begleiter, in: die tageszeitung, 7.5.1996.

228 Ebd. und mündliche Auskunft von Bernd Schimmler.

229 Lt. mündlicher Auskunft von Bernd Schimmler.

230 Vgl. Marcel Gäding, Der Senat hat sich verrechnet, in: Berliner Zeitung, 25.4.2001.

231 Hildeburg Bruns, Zu wenig Leichen! Krematorium vor dem Aus, in: Bild, 24.4.2001.

232 Lt. mündlicher Auskunft von Bernd Schimmler und Cornelia Gräser-Becker.

233 Vgl. Uwe Aulich, Leichen im Keller, in: Berliner Zeitung, 31.5.2001; ders., Millionenverluste durch Altlasten, in: Berliner Zeitung, 30.5.2001.

234 Vgl. Uwe Aulich, SPD fordert Sonderausschuss zu Altlasten, in: Berliner Zeitung, 9.6.2001.

235 Vgl. Tobias Arbinger, Streit um Altlasten im neuen Bezirk, in: Tagesspiegel, 9.6.2001.

236 Vgl. auch Thomas Marheinecke, Verstoß gegen Etat-Recht bei Krematorium-Ausbau?, in: Berliner Morgenpost, 11.6.2001; o. V. (apu), Krematorium: Ex-Stadtrat rechtfertigt Millionenausgaben, in: Berliner Morgenpost, 9.8.2001.

237 Vgl. Claudia Fuchs, Senat fordert drei Millionen Mark zurück, in: Berliner Zeitung, 9.8.2001; Uwe Aulich, Wedding Krematorium: Senat fordert Geld zurück, in: Berliner Zeitung, 24.9.2001; o. V. (apu), Senat fordert Millionen zurück, in: Berliner Morgenpost, 8.8.2001; Christoph Ziermann, Mitte trägt Weddinger Altlasten (Interview mit Finanzstadtrat Jens-Peter Heuer, PDS), in: Neues Deutschland, 9.10.2001.

238 Die Zahlen zur Belegschaft sind in den Quellen widersprüchlich und schwanken zwischen 19 und 25 Mitarbeitern.

239 Vgl. Stefan Jacobs, Uwe Töns, Millionenbeträge gehen durch den Schlot, in: Der Tagesspiegel, 22.2.2002; Uwe Aulich, Krematorium wird geschlossen, in: Berliner Zeitung, 20.2.2002; Andrea Lippe, Personalabbau: Warten auf ein Wunder im Wedding, in: Berliner Morgenpost, 19.2.2002.

240 Aussagen aus einem Interview des rbb mit Dorothee Dubrau in: rbb Abendschau, Streit um die Schließung eines Krematoriums, 23.3.2002.

241 Vgl. Jacobs/Töns 2002 (wie Anm. 239) und mündliche Auskunft der ehem. Krematoriumsmitarbeiterinnen Hedwig Sacher und Ingrid Müller.

242 Ebd.

243 Vgl. Karin Schmidl, Neues Krematorium stillgelegt, in: Berliner Zeitung, 23.2.2002.

244 Vgl. Matthias Kunert, Berlins modernstes Krematorium ist ein Sanierungsfall, in: Berliner Zeitung, 20.3.2002.

245 Uwe Aulich, Jahrelange Fehlplanungen, in: Berliner Zeitung, 7.3.2002. Vgl. auch Brigitte Schmiemann, Hochmodernes Millionengrab, in: Berliner Morgenpost, 19.2.2002.

246 Vgl. ebd.

247 Vgl. Marcel Gäding, Der Senat hat sich verrechnet, in: Berliner Zeitung, 25.4.2001.

248 Als 1994 das Krematorium Baumschulenweg aus Umweltschutzgründen geschlossen werden musste, führte dies zu einer Überlastung der anderen zwei Krematorien, und aus diesem Grund gestattete der Senat Feuerbestattungen ab 1994 auch außerhalb Berlins.

249 Vgl. Gäding 2001 (wie Anm. 247). Die Gebühren in Berlin waren vergleichsweise hoch, sie betrugen im Jahr 2002 218,32 EUR (427 Mark).

250 Aulich 2002 (wie Anm. 245). Die Finanzierung erfolgte in einer Public Private Partnership mit der VR Leasing aus Eschborn. Mittlerweile werden Pläne zum Rückkauf des Krematoriums diskutiert, um die Zinslast einzusparen, vgl. Ulrich Zawatka-Gerlach, Plan für 2019: Berlin kauft Krematorium Baumschulenweg zurück, in: Tagesspiegel, 13.6.2016.

251 Der Bundesrechnungshof sprach in seinem Bericht von 2005 von 5,4 Millionen Euro (11 Millionen Mark), die investiert wurden, die Krematoriumsleiterin Cornelia Gräser-Becker von Gesamtkosten von über 27 Millionen Mark: 21 Millionen Mark für die neue Parentationshalle, 6 Millionen Mark für die Erneuerung der Öfen. Die Zahlen über die Investitionen widersprechen sich in den Quellen.

252 Vgl. Marcel Gäding, Belgier wollen in Berlin am Tod verdienen, in: Berliner Zeitung, 16.1.2003.

253 Vgl. Uwe Aulich, Gutachten zu Krematorien, in: Berliner Zeitung, 20.1.2003.

254 Vgl. o. V., Das erste Mal: Krematorien-Fusion, in: Der Tagesspiegel, 15.5.2002; Ulrich Zawatka-Gerlach, Teure Krematorien, in: Der Tagesspiegel, 9.2.2003; ders., Krematorien werden Landesbetrieb, in: Der Tagesspiegel, 22.6.2005.

255 Vgl. Christine Richter, Rechnungshof: 47 Millionen Euro verschwendet, in: Berliner Zeitung, 27.5.2005. Der Landesrechnungshof kam zudem bereits 2004 zu dem Schluss, dass die Entscheidung zur Schließung des Krematoriums Wedding vom Bezirk Mitte voreilig getroffen wurde, sie sei weder aus Gesamtberliner Sicht erfolgt, noch seien ihr ausreichende und fundierte Wirtschaftlichkeitsuntersuchungen vorausgegangen.

256 Ulrich Zawatka-Gerlach 2005 (wie Anm. 254).

257 Eine Umkehr dieses Prozesses wurde erst mit der Eröffnung des silent green im Jahr 2013 angestoßen.

258 Vgl. D. J., Sauna im Krematorium?, in: Berliner Woche, 9.6.2010; ders., Showroom für Särge, in: Berliner Woche, 7.9.2011.

259 Vgl. rbb Abendschau, Umzug der Urnen, 14.12.2011; mündliche Auskunft des Bezirksamts Mitte.

260 Vgl. D. J. 2010, 2011 (wie Anm. 258). Mündliche Auskunft Stephan Hadraschek (zum Museum für Bestattungskultur), Jörg Heitmann, Geschäftsführer des silent green (zum Meditationszentrum).

BILDNACHWEIS

AdsD/Friedrich Ebert Stiftung: **62, 72**

Archiv des Bauaufsichtsamts des Bezirks Mitte: **11, 23, 110**

Hanne Bergius (Hg.), Johannes Baader. Oberdada, Lahn 1977: **9** (S. 15, oben)

Berlin und seine Bauten, Teil 10, Bd. A.3, Berlin/München 1981: **57** (S. 76), **95** (S. 79)

Bernd Brundert: **S. 218/219**

Bundesarchiv: **53** (183-R66887), **73** (146-1982-160-02), **74** (102-18049, Foto: Georg Pahl, Aktuelle-Bilder-Centrale), **92** (183-S99066)

Der Baumeister, H. 12 (1912): **20** (S. 127)

Max Dengler/KOMBINATIV: **S. 234**

Deutsche Bauzeitung, Nr. 54 (1911): **25** (S. 463), **40–42** (S. 462)

Deutsche Flamme, H. 74 (1930): **67** (S. 1245)

Die Feuerbestattung, H. 3 (1938): **82** (Titel), **83** (S. 30)

Flamma, H. 83 (1931): **68** (S. 1393)

Die Flamme, Nr. 405 (1909): **14**, **15/16** (S. 5810), **17** (S. 5811); Die Flamme, Nr. 413 (1909): **13** (Titel); Die Flamme, Nr. 27 (1910): **37** (S. 6234); Die Flamme, Nr. 451 (1911): **27** (S. 5)

Johannes Heldwein, Die Geschichte der Feuerbestattung und Deutsche Krematorien, Frankfurt a. M. 1931: **38, 39, 55** (n. p.)

International Institute of Social History, Amsterdam: **49**

Kunst und Architektur im Dienste der Feuerbestattung, Berlin 1914, Bd. 4: **24** (Tafel 38, links), **28** (Tafel 38, rechts)

Kunstgewerbeblatt, Nr. 15 (1904): **19** (S. 39)

Landesarchiv Berlin: **6** (F Rep. 290 Nr. 61-1932), **47** (F Rep. 270-7152), **78** (F Rep. 290-2396-2415, Nr. 0239086), **90** (F Rep. 290 (06) Nr. 0291143), **S. 22** (F. Rep. 290-01-02, Fotograf: Georg Bartels), **S. 100** (F Rep. 290-2396-2415 Nr. 0021751, Foto: Gert Schütz), **S. 120** (F Rep., 290 (02) Nr. 0100259, Foto: Horst Siegmann)

Literaturzentrum Neubrandenburg, Hans Fallada Archiv: **91**

Karin Mahlich, Das Krematorium in Wedding, Gerichtstraße 37, in: Geschichtslandschaft Berlin, Orte und Ereignisse, Bd. 3, Wedding, hg. von Helmut Engel, Stefi Jersch-Wenzel, Wilhelm Treue, Berlin 1990, S. 170–187: **75, 76** (S. 185)

Katha Mau: **S. 223**

Mitte Museum, Bezirksamt Mitte von Berlin: **10, 12, 22, 26, 46, 50/51, 54, 58/59, 63–66, 69–71, 84–89, 93, 98/99, 101, S. 30**

Mutter Erde: **102**

Vera Nunn/Pictoplasma: **S. 220/221**

Rudolf Obigt: **S. 72**

Max Pauly, Die Feuerbestattung, Leipzig 1904: **5** (S. 116/117), **7** (S. 152)

Privat/silent green: **103–106**

rbb media: **96, 107, 108**

Cordia Schlegelmilch: **30–35, 43/44, 80/81; S. 142, S. 160, S. 180–209, S. 210** (oben re. u. li., Mitte re. u. li., unten re.), **S. 211, S. 213–215, S. 222, S. 230/231, S. 232/233**

Rainer Schlesselmann: **S. 226/227**

Schmidt & Co. Bestattungen, Berlin: **100**

silent green: **S. 210** (unten li.), **S. 212, S. 216/217, S. 224/225**

Stadtarchiv Dessau-Roßlau: **36**

Stiftung Fürst-Pückler-Museum Park und Schloss Branitz: **4**

Stiftung Stadtmuseum Berlin: **45** (Inv.-Nr.: SM 2012-4409, 39)

Oscar Troplowitz. Ein Leben für Hamburg, Kat. Hamburger Kunsthalle 2013: **18** (S. 123), **21** (S. 129)

Arthur Tschirner, 25 Jahre Feuerbestattung in Berlin. Zum 25-jährigen Bestehen des Krematoriums Berlin-Wedding, Bezirksverwaltung Wedding, Berlin 1937: **48** (S. 34), **56** (S. 32), **60** (S. 35), **61** (S. 36), **77** (S. 42), **79** (S. 45)

Gert-Dieter Ulferts, Louis Tuaillon, Berlin 1993: **52** (S. 13)

ullstein bild: **8** (Georg August Busse), **94** (Alex Waidmann), **109** (Gregor)

Unterwegs in Aachen und Umgebung, Eupen 2006: **29** (S. 38)

Hannes Wiedemann: **S. 228/229**

Henning Winter, Die Architektur der Krematorien im Deutschen Reich 1878–1918, Dettelbach 2001: **1** (S. 33), **2** (S. 16), **3** (S. 17), **S. 8**

IMPRESSUM

Diese Publikation erscheint anlässlich der Ausstellung „silent green.
Vom Krematorium zum Kulturquartier" im silent green Kulturquartier,
22. Juni – 20. Juli 2017

Umschlagmotiv: © silent green
Herausgeber: silent green Kulturquartier
Redaktion: Bettina Ellerkamp, Linda Winkler
Lektorat: Svjetlana Mur
Gestaltung: Form und Konzept, www.formundkonzept.de
Druck: druckhaus köthen GmbH & Co. KG
© 2017 silent green Kulturquartier

Bibliografische Information der Deutschen Nationalbibliothek:
Die Deutsche Nationalbibliothek verzeichnet diese Publikation in der
Deutschen Nationalbibliografie; detaillierte bibliografische Daten
sind im Internet über http://dnb.dnb.de abrufbar.

© 2017 Deutscher Kunstverlag GmbH Berlin München
Paul-Lincke-Ufer 34
D-10999 Berlin
www.deutscherkunstverlag.de

ISBN 978-3-422-07442-2

Mit freundlicher Unterstützung von

Senatsverwaltung
für Kultur und Europa